奇跡の村

」で再生する

相川俊英
Aikawa Toshihide

a pilot of wisdom

目次

はじめに ―― 9

第一章 奇跡の村「下條村」 ―― 13

【下條村・序論】
全国有数の高い出生率／合併を拒んだ「自立宣言」／
小さな村の政権交代
【カリスマ村長】
叩き上げの事業家／役場の実態に驚愕／国策に異を唱える／
地域重視で行った「常識外れの決断」
【意識改革】
組合の要求書に「ノー」／民間企業で職員研修／
役場の雰囲気が変わった／少数になれば精鋭になる

【資材支給事業】

「ご自分たちで汗をかいて下さい」／共助の慣行がよみがえる／

土建業者と共存共栄

【若者定住策】

財政健全化で攻めの姿勢へ／若者向け集合住宅を自主財源で建設／

独自の入居基準を設定／手厚い子育て支援策／

Iターン転居者に聞く「下條村での生活」

【下條村の今】

村民アンケートで「大合併」を拒否／

ハコモノは、国の補助金を上手に活用／今後の課題——薄れる議会の存在感

第二章　消滅可能性ナンバーワン？「南牧村」を訪ねて——85

【南牧村の今と昔】

「若いと言っても七〇代後半ですがね」／消滅可能性トップという烙印／

注目される今がチャンス？／蒟蒻、養蚕……基幹産業の衰退／
小学校は民俗資料館に変貌／運動会は村民体育祭に／
かつての村民体育祭の模様

【成果なき活性化策】

サービスあれども雇用なし／歳入の六割以上を地方交付税に依存

【古民家バンク】

きっかけは酒席から／空き家対策で村の活性化を／
空き家調査で地域資源を再発見／三年間で一四世帯二六人が村に転入

【移住者たち】

新旧の住民が一堂に会す／「ここなら自分がやりたい農業ができる」／
ヤギが結んだ絆／若い移住者たちのネットワーク

【元気な高齢者】

メディアの決めつけに憤慨する／「夫婦で五〇〇万円はいけますよ」／
珍品種の成功で活気づく花卉農家／稼ぎは自分の腕次第／

うわべの数字だけ格好をつける「地方創生」では意味がない

第三章　人をつなげる役場職員「旧・藤野町」

【元女性町議の回想】
住民派女性議員の草分け／
「よそから来た変な奴、それも女が選挙に出るなんて」／
町と議会は開発志向に染まりきっていた／「ふるさと芸術村」構想
【様々な新住民】
「アートが棲むまち」／「人の誘致」を町の政策に／
「里山長屋」で新しい生活／シュタイナー学園の受け入れ／
地域内に多様な人的資源が集まる
【「藤野町」の消滅】
どうすれば地域に受け入れられるのか／
地元住民には折り合いをつける力がある／合併劇の経緯

【トランジション・タウン】
「妄想会議」／「トランジション藤野」を発足／
「藤野電力」とは／地域通貨「よろづ」
【ヒューマンパワースポット】
地域内で仕事を立ちあげたい／
「アートの棲むまち」から「アートビジネスのまち」へ／
行政が遠くなり、住民が自立する

おわりに ―― 219

文中写真は全て著者撮影

はじめに

　地方自治の取材で全国各地を歩くようになって、早いもので二〇年が経過した。日本の隅々を訪ね回ったが、今ほど地方の衰退が急激に進行しているときはないと実感する。「消滅可能性自治体」という表現は決してオーバーではなく、不安を煽《あお》る類《たぐい》のものでもないと痛切に思う。それほど日本の地方は今、危機的な状況に立ち至っている。地域経済の衰退と人口減少、そこに少子高齢化と人口流出が加わり、いずこも青息吐息となっている。このままでは本当に消滅してしまいかねない状況である。

　だが、最大の危機はこうした地方の疲弊した現実そのものではないと感じる。そうした厳しい現状を直視し、自力で打破しようと立ちあがっている地域が少ないことこそが、最大の危機なのだと考える。かつてよく耳にした「地方分権」や「地域主権」といった言葉は、すっかり聞かれなくなってしまった。もうどうあがいてもダメだといったあきらめムードや、大きな力に頼り、すがるしかないといった他力依存に染まりきった地域が目立つのである。

本書は、こうした危機的状況にある地方の中で、地域住民主体で活性化策に取り組んでいる稀有《けう》な事例を紹介した。「国内指折りの高出生率を記録した」ことのある長野県下條《しもじょう》村、「消滅可能性日本一」と名指しされた群馬県南牧《なんもく》村、それに「アートの棲《す》むまち」と称された神奈川県の旧・藤野町《ふじのまち》（現・相模原市緑区の一部）の三つの地域で、いずれも都市部から離れた山間地にある。これら三地域に共通する地域活性化の切り口は、移住者の受け入れである。といっても、昨今、各地の自治体が一斉に取り組み始めた移住促進策とは、ひと味もふた味も違う。

疲弊する地方の活性化を目指す安倍政権は「地方創生」を大々的に掲げ、国政の主要テーマとした。すでに少子化対策や地域経済の活性化策など様々な施策を打ち出している。ローカルアベノミクスである。地方独自の取り組みを支援する新しい交付金の創設や中央省庁の官僚などの地方派遣、ふるさと納税制度の拡充などだ。なかでも目玉策の一つとなったのが、地方への移住促進である。

人口を何とかして増やしたい地方にとって、最も効果的な策は外から移住者を呼び込むことだ。誰もが思い付く策で、独自性もへったくれもない。だが、国が推奨したこともあって、移住者を呼び込むことが自治体の主要テーマの一つとして急浮上した。全国各地の自治体がまるで競い合うかのように移住者への優遇策を新設し、かつての企業誘致合戦のような様相を呈している。

では、その主な優遇策は何か？　ずばりカネだ。支援金や一時金など名称は自治体によって違うが、カネで釣ろうという意図は同じである。しかし、金目の話で動くような人は見切りも早く、定着しにくいものだ。創意工夫とは程遠い付け焼き刃の移住促進策を繰り出しても、自治体の思惑通りにいくものではない。

一大ブームのように各地に広がった移住者誘致策に対し、本書で取りあげた三地域は独自性、創意工夫、住民主体といった点で大きな違いがある。なぜ、山の中の小規模地域に移住者が集まるようになったのか。その謎を探り、取り組みの本質を理解することで、「地域創生」のために進むべき本当の道が見えてくるのではないか。

なお、本書の一部は、ダイヤモンド・オンラインで連載した「地方自治〝腰砕け〟通信記」での取材・執筆を基にしている。

第一章　奇跡の村「下條村」

【下條村・序論】

全国有数の高い出生率

長野県飯田市から国道一五一号線を南下し、人家のない山間部の一本道をひた走る。すれ違う車も後続車もほとんどない。阿智《あち》川に架けられた万歳大橋を渡り切ると、左手に大きな看板が現れる。それも仲よく三つ並んでだ。そのうちの一つ、見慣れた男性の顔写真付き看板に「ようこそ下條村へ　峰竜太のふるさとです」との文字が書かれている。ここが長野県下條村の玄関口であった。

長野県最南端、下伊那《しもいな》郡のほぼ中央に位置する下條村は、人口わずか三九六三人（二〇一五年六月現在）の小さな山村である。村の面積は三七・六六平方キロメートルあるが、そのうちの約七〇％を山林が占め、平坦地は猫の額ほどしかない。宅地面積は三％ほどで、三四の集落が標高三三二メートルから八二八メートルの間に点在している。

下條村玄関口の看板

傾斜地ばかりなので、農地も村の面積の約一二%にすぎない。かつては養蚕が盛んだったが、今は果樹やそばが特産といえる程度である。

また、山間部に広がる下條村は交通の便が悪く、「陸の孤島」と呼ばれていた。二〇〇八年四月、村の近くに三遠南信自動車道の天竜峡《てんりゅうきょう》インターチェンジができて便利になったが、それでも辺境の地であることに変わりはない。

そんな下條村に大きな企業や事業所があるはずもなく、村の財政基盤は今も昔もきわめて脆弱《ぜいじゃく》である。税収が乏しく、自治体の財政力の強弱を示す指標である財政力指数は〇・二二（二〇一三年度）ときわめて低い。つまり、下條村は様々な悪条件に苦しむ典型的な日本の山村の一つであった。

だが下條村は、日本のどこにでも存在するような、ごく普通の自治体ではなかった。圧倒的に不利な条件下にある小規模自治体でありながら、村独自の活性化策を次々に実行し、目覚ましい成果をあげてきた。なかでも自治体関係者を唸《うな》らせたのが、少子化対策だった。子育て支援にいち早く取り組み、全国有数の高い出生率を誇るようになった。しかも、それを維持し続けている驚異の村なのだ。

下條村の合計特殊出生率（母数が小さいため、五年平均で算出）は、一九九八年から二〇〇二年の五年間が「一・九七人」で、長野県下でトップとなった。ちなみに二〇〇四年の全国平均は一・二九人だった。二〇〇三年から〇七年は「二・〇四人」（市町村ごとのデータをとっていた国が二〇〇二年から保健所管内ごとに変えたため、下條村が独自に試算）を記録し、二〇〇七年の全国平均一・三四人を大きく上回っている。二〇〇八年から一二年は「一・八六人」とやや下げたが、二〇一三年単年では「一・八八人」と持ち直している。全国トップクラスの高い出生率を誇る村であることは間違いない。

厚生労働省の国立社会保障・人口問題研究所が二〇一三年三月に公表した、二〇四〇年時点での地域別将来推計人口（おおむね五年ごとに算出）でも、下條村の数値は異彩を放っていた。全国のほとんどの自治体が大幅な人口減少を推計された中で、小幅な減少率に留《とど》まったのだ。二〇一〇年比でマイナス八・二％。辺境の山村という大きなハンディを背負っていることを感じさせない数値となっている。ちなみに、県庁所在地の長野市はマイナス二〇・九％、松本市はマイナス一四％である。

こうしたことから、人口減少に苦しむ自治体関係者などが、いつしか下條村を「奇跡の村」と呼ぶようになり、憧憬《しょうけい》の眼差《まなざ》しで見るようになった。そして、その秘訣《ひけつ》を学んで自分たちの地域にも取り入れようと、列をなして行政視察に訪れるようになったのである。これは今に始まった話ではなく、一〇年以上前から続く現象である。

地方議員や行政職員、研究者といった様々な人たちが、全国各地から「陸の孤島」と揶《や》揄《ゆ》される山奥の小村に足を運んでいる。下條村によると、視察件数は二〇〇三年四月から二〇一五年一〇月の間で、四七九件（予定も含む）にのぼる。

こうした行政視察の受け入れが、少ない職員で日常業務をこなす下條村にとって負担にならないわけがない。このため、下條村は視察の対応を週一日に限定し、さらに行政規模の異なる自治体からの視察申し込みはお断りするようになった。町や村に限定し、市からの視察は受け付けないことにしたのである。

それでも、奇跡を起こした下條村の秘策や奇策、謎を解明したいという視察希望は後を絶たず、対応する村の職員のスケジュールはあっという間に埋まってしまうのだった。

合併を拒んだ「自立宣言」

名誉村民でもあるタレント峰竜太の巨大看板による出迎えをうけ、さらに国道一五一号線を進む。小松原トンネルを抜け、粒良脇《つぶらわき》トンネルを通過すると視界が水平に広がってくる。下條村の中心部である。コンビニがある四つ角を右折し、道をやや上がると三階建ての下條村役場に到着する。

下條村役場を初めて訪れた人は皆「オヤッ」と思うに違いない。建物内に広がる景色が、一般的な役所のそれと異なるからだ。なによりも職員の姿があまりなく、大部屋は閑散としている。主だった職員らが行事や会議などで出払っているのかと思ってしまう。

下條村役場。奥に村長のデスクがある

下條村の職員数は三七人（二〇一四年四月時点の正規職員数）で、人口一〇〇〇人当たりの一般行政職員数は七・九〇人となる。類似自治体の平均値が一六・九八人なので、半分の人員で業務をこなしている計算になる。ピーク時（一九八一年）の下條村の職員数は五九人にのぼっていたという。

職員総数そのものが少ない上に、福祉課や教育委員会の一部が別の施設内に配置されているため、役場内で目にする職員は十数人ほど。それで、部屋がやけに広く見えることになる。役場といえばたくさんの人が出入りするイメージがあるが、下條村役場は全く異なっている。

職員数が少ないだけでなく、組織もきわめてシンプルだ。村長の下に副村長がいて、その下に三人の課長と一人の事務局長がいるだけ。総務課、振興課、福祉課、教育委員会の四課制である。

職員が執務するスペースには、靴を脱いでスリッパに履き替えてあがる。村長室はなく、一階の大部屋の奥に村長のデスクが置かれている。遮るものがないので、執務ぶりは外からも丸見えである。役場の二階はほとんど使われておらず、電気を落としたままなので昼間も薄暗い。

人口四〇〇〇人ほどの下條村は、小さいながらも長い歴史を持つ自治体だ。一八八九年に睦沢《むつざわ》村と陽皐《ひさわ》村が合併し、下條村となった。以来、単独の村として生き続け、二〇一四年に一二五周年を迎えている。だが、村の歩みは平坦なものではなく、しばしば存亡の危機に直面したという。

たとえば、一九五五年前後の「昭和の大合併」だ。下條村は合併の枠組みなどをめぐって大騒動となった。村の南部と北部が真っ向から対立し、とうとう村長と議会が総辞職する異常事態にまで発展。結局、合併せずに自力更生による村づくりの道を選択することになった。どこと合併しても効果が出にくいという地域の特殊事情があり、そもそも合併する相手も見つからなかったのである。

その後の「平成の大合併」でも下條村は同じ道を選択することになったが、この時は村として「自立（律）宣言」（二〇〇四年二月）を行うなど、より積極的な判断だった。下條村はその時点ですでに徹底した行財政改革を行っており、「仮に地方交付税が四割削減されてもゆるぎない財務体質となっており、自律的な自治体構造が既に完成している」（自立〈律〉宣言）との認識に基づくものだった。一九九二年七月に村長に就任した伊藤喜平氏の指導力と手腕、打ち出した様々な施策がもたらせたものといえた。

小さな村の政権交代

「あの時の村長選は本当に恐ろしい選挙だった。どっちが勝つか全くわからなかった」

下條村の職員ＯＢは、三つ巴《どもえ》となった一九九二年の村長選挙をこう振り返った。そして、

「我々職員は議長のときの伊藤氏に散々やられました。働きが足らん！　生ぬるい！と、

職員に対してとにかく厳しかった。もちろん、我々は別の村長候補を応援しました」と明かし、「当時は職員にとって最悪の結果になったと思った」と率直に語る。伊藤喜平氏がわずか九八票差で当選したのである。

下條村は、選挙戦が過熱する村として知られていた。政治に関心を持つ住民が多く、国政選挙や村長選挙となると決まって激しい選挙戦が繰り広げられた。保守と革新が真正面から激突する五五年体制の時代だった。しかも、地域には自民党と社会党（当時）の代議士がいて、議席をめぐって熾烈《しれつ》な攻防を続けていた。飯田市出身の中島衛《まもる》氏（自民党、新生党など）と下條村出身の串原義直氏（社会党）だ。

村長選挙ともなると、保守・革新の両陣営がそれぞれ候補を擁立し大激戦となった。二人の国会議員の代理戦争という面も加わり、投票率は九〇％を上回るのが当たり前となっていた。数少ない村の浮動票を保守革新の双方が奪い合うという選挙である。最後の最後まで勝敗の行方がわからない大接戦が繰り返された。

そんな下條村でも一九九二年の村長選は熾烈を極めるものとなった。四期続けた革新系の村長（村の助役出身）が引退し、村の教育長がその後継候補に担ぎ出された。対抗馬として名乗りをあげたのが、村議会議長だった会社経営者。当時五七歳の伊藤喜平氏である。さらに共産党系の候補も出馬し、村の歴史始まって以来の三つ巴の戦いとなった。職員組合などを中心とした「反伊藤」の堅いスクラムがつくられた。

投票率は九六・二二％に達し、一票を投じなかった村の有権者はわずかに一一五人。結果は伊藤喜平氏が一四七〇票、小池恒久氏が一三七二票、中島伝氏が七五票。九八票差で小さな村の政権交代が達成されたのである。村中がひっくり返るほどの大騒ぎとなったのは言うまでもない。なかでも役場職員の反応は凄《すご》かった。誰もが茫然《ぼうぜん》自失となり、そして、戦々恐々となった。

だが、それは、単に自分たちが応援した候補が敗れてしまったからというだけではなかった。当選した伊藤さんは村議を三期務め、議長として剛腕を振るってきた人物だった。職員の多くが、新村長の考え方や実力、人となりについて熟知していた。今までの村長とは全く異質なタイプで、職員にとって最も手強い存在になることが明らかだった。

日本の場合、地域の名士が自治体のトップに収まるというケースが多い。都市部ではさすがにそうした事例は少なくなっているが、地方に行けば行くほど今もそうした傾向にある。それは保守と革新が激しい鍔迫《つばぜ》り合いを繰り返していた時代も同じで、下條村も例外ではなかった。実際、下條村の歴代村長は農協組合長や郵便局長、村の助役といった地域の名士ばかりだった。そうした点では保守も革新もなかったのである。

ところが、伊藤さんは民間会社の経営者で、しかも、正真正銘の叩《たた》き上げだった。若い頃から油まみれ、汗まみれになって働いてきた苦労人で、これまでの村長とは違っていた。

【カリスマ村長】

叩き上げの事業家

南信州の山奥に忽然《こつぜん》と現れた「奇跡の村」は、国や県などから特別な支援をうけていたわけではなかった。国内外の先進事例をうまく模倣し、元気な村づくりに成功したというのでもなかった。地域活性化の特効薬や、あっと驚くような仰天策を運よく探り当てたものでもなかった。

地域の実情に合った施策を自らの創意工夫で編み出し、コツコツと実行し続けたことの結果である。地域全体の地道な努力の積み重ねが奇跡を呼び込んだと言える。

だが、地域に卓越したリーダーがいなかったら、これほどの奇跡にはつながらなかったのも間違いない。一九九二年から下條村を牽引《けんいん》し続ける伊藤喜平村長の存在である。

伊藤さんは日中戦争勃発《ぼっぱつ》二年前の一九三五年一月に下條村で生まれた。実家は運送業を営んでいたが、すでに平穏な日常生活は失われていた。戦火拡大にともない商売道具のトラックが軍に供出させられ、父親も出征となった。戦時下の過酷な生活が続き、飢えに苦しむ日々を送った。

戦後、父親が朝鮮半島から無事帰還し、供出していたトラックも翌年、返還された。それにともない地域の運送会社五社が統合し、新会社「阿南自動車」が誕生した。企業統合に加わった父親は新会社の下條営業所長に就任した。戦後の混乱が続いたが、それでも明るい光が見え始めていた。

地元の中学校を卒業した伊藤少年は隣接する飯田市の飯田高松高校（現・飯田高校）に進学し、寮生活を送ることになった。そこで待ち構えていたのは、厳しい現実だった。

周辺地域から秀才が集まる進学校でいきなり、落ちこぼれてしまった。四〇〇人の中で下から数えて六〇番目。なかでも英語の成績が酷《ひど》かった。山間部の小さな村と都市部では教育環境に大きな違いがあった。

落ちこぼれ生徒に対し、学校の先生は熱心に補習をしてくれた。図書館を夜遅くまで開けてくれ、寮に戻っても勉強を教えてくれた。成績はグングン上がり、三カ月で下位のCクラスからAクラスに躍進。北海道大学への進学を希望するようになった。

ところが、高校二年のときに父親が肺結核となり、入院を余儀なくされた。療養は長期に及び、一家は大黒柱を事実上失ってしまったのである。このため、四人兄弟の長男だった伊藤さんが家族の生活を支えねばならない立場となった。

伊藤さんは大学進学を断念し、高校卒業と同時に働くことになった。父親が経営陣の一角を占めていた運送会社の下條営業所事務長となったのである。わずか一八歳でいきなり事務所の経理を一人で任された。現場のドライバーは皆、年上の男たち。なかには荒くれ者もいた。そうした男たちの中に高校を卒業したばかりの伊藤さんが管理職として放り込まれたのである。しゃにむに働き、経理を独学で習得していった。ドライバーが不足したときは現場にも出たという。

当時、会社は木材を愛知県の豊橋などに運び、物品を積んで地元に戻るという運搬業に専念していた。そうした業務内容に伊藤さんは限界を感じていた。国土復興が始まるので、土木建設関連への転換をすべきだと考えたのである。周辺地域でダム建設などが行われるようになったからだ。

ところが、会社の経営陣は耳を傾けてくれなかったという。五〇代から六〇代の資産家ばかりで、新しいことへの挑戦に後ろ向きだったのである。伊藤さんは懸命に説得したが、激論が繰り返されるだけだった。とうとう「どうしてもやりたいんなら、若造、自分でやれ！」と言い渡されてしまったのである。

腹を決めた伊藤さんは、会社を辞めて独立した。二一歳だった。会社の部下二人が行動を共にしてくれた。運転手をもう一人雇い入れ、ダンプカーを二台購入した。一〇〇万円ほどかかったという。

自分の会社を設立した伊藤さんは、ダム工事を手掛ける大手ゼネコンの下請け業者となり、ダム工事現場にセメントや砂利を搬入する仕事に就いた。自分もハンドルを握り、四人が昼夜交代でダンプカーを走らせた。汗みどろ、泥まみれとなって懸命に働いた。ダム現場では下駄をはいてドラム缶風呂に浸かったりもした。利益をあげるために死に物狂いだった。

小さな会社を立ちあげて自ら事業を展開するようになり、伊藤さんは数字に敏感になった。コストと利益を常に意識し、いつしか「儲《もう》からなかったら、どんな能書きを言ってもダメ」「カネがなかったら、何もできない」という二点を口癖にするようになっていった。

地域の内外を駆け回る日々を送っていた伊藤さんは、ガソリンスタンドが地域に一軒しかないことを知り、開業することにした。モータリゼーションが日本中を席巻するようになっていった。伊藤さんはその後、自動車整備も手掛けるようになり、建設資材にも業務を拡大していった。事業を必然性、必要性に応じて果敢に展開していったのである。

役場の実態に驚愕《きょうがく》

昭和四〇年代に入ると、地域の過疎化が急速に進んだ。六〇〇〇人台だった下條村の人口は四〇〇〇人台に落ち込み、とりわけ、若者が地域に残らず都会に流出するようになった。関わっていた遠方でのダム工事がいち段落し、地元周辺での仕事が増えた伊藤さんは「このままでは村がつぶれてしまう」と危機感を募らせた。

村の商工会青年部の仲間たちと村の将来を語り合い、「何とかせねば」となった。そして村の若手から議員を出そうという話になった。白羽の矢が立ったのが、伊藤さんだった。一九七五年のことで、当時四〇歳。若い頃から汗まみれ油まみれになって働き、しかも自力で新事業を切り開いてきた伊藤さんならば地元を活性化してくれるのではないかと、仲間たちが期待感を抱いたのである。

その頃の（今もそういうところが多いが）議員は一種の名誉職で、功なり名を遂げた名士がなるのが一般的だった。政策提言するわけでもなく、お飾りのような存在にすぎなかった。ほとんどが年配者で、集落ごとに議員になる人の順番のようなものがつくられていた。

伊藤さんはこうしたムラの暗黙のルールを破って、村議選に出馬することになった。地元の集落では案の定、大問題となった。しかし、結果はトップ当選だった。

議員として役場内に足を踏み入れるようになった伊藤さんは、初めて知った役場の実態に驚愕した。職員の多くが、国や県の通達や指導、指示をもとに仕事をしていればよいという感覚だったからだ。地域の将来に強い危機感を抱くでもなく、ゆったりと仕事をこなしているだけだった。コストや収益、成果といった数字にこだわり、日々、懸命に働く民間とのあまりの落差に唖然《あぜん》としたのである。

だが、伊藤さんは議員を一期四年務めただけで、身を引くことにした。本業が多忙を極め、会社経営に専念せざるを得なくなったからだ。支援してくれた仲間たちからは「いい石を投げ込んでくれた。村に刺激を与えてくれた」と評価されたという。

その四年後の一九八三年。議員復帰を求める声が伊藤さんのもとに寄せられるようになった。ちょうど遠方での仕事が片付いたこともあり、伊藤さんは議員復帰を決意した。そして、トップ当選で二期目、三期目と村会議員を続けることになったのである。

国策に異を唱える

下條村はその頃、上下水道の整備に全力をあげて取り組んでいた。このうち、一九八五年から始められた上水道の整備は、約二九億八〇〇〇万円かけて一九九〇年に完了した。加入率は九九・五%で、ほぼ全戸加入となっている。

一方、下水道事業についての検討は一九八九年から始められた。いわゆるトイレの水洗化である。

当時、国や県は公共下水道（旧・建設省所管）と農業集落排水事業（農林水産省所管）を積極的に推進し、半ば国策のように位置付けていた。いずれも地域内に系統的に下水道管《げすいどうかん》渠《きょ》を埋設し、管渠の末端に終末処理場を設け下水を処理して河川や海に放流するものだ。

巨額の事業費と長期の建設期間を要する大事業となるが、国の補助が二分の一以上あることや企業債（貸し手は政府系金融機関で、高金利。しかも繰り上げ償還は原則不可）による資金調達が可能なこともあり、全国の自治体は競うように公共下水や農集排事業に乗り出した。住民の生活環境を改善する必要不可欠な公共事業と考えられたからだ。自治体にとっては、元手がなくても事業着手できることも大きな魅力となった。

トイレや生活雑排水の処理にはもう一つ、合併浄化槽事業（旧・厚生省所管）という選択肢がある。各戸に合併浄化槽を設置するもので、地域内に下水道管渠を張り巡らせたり、巨大な終末処理場を設置したりしなくてもすむ。公共下水や農集排と比べ、ずっと簡便でしかも安価な処理方法であった。ところが、ほとんどの自治体が公共下水と農集排に飛びつき、合併浄化槽には見向きもしなかった。山間部で人家が点在するような地域でもそうだった。

下條村もその例外ではなく、農集排事業による下水道設置が計画された。総事業費は約四五億円と試算され、そのうちの半分が国の補助金。残り半分を借金で賄うというものだった。周辺自治体の中にはすでに農集排による下水道整備を開始しているところも多く、村長や役場担当者、議員や住民たちはそれらの後に続くのが当然だと考えていた。村はまるで「農集排にあらずんば、下水道事業にあらず」といった雰囲気になっていた。バブル経済が崩壊する直前のイケイケの時代だった。誰もがバブルに酔いしれ、浮ついた気分でいられた頃だった。

そんな状況下で、異を唱える人物が現れた。村会議長の伊藤さんで、議会の「下水道処理等に関する特別委員会」（以下、下水道委員会）の委員長も兼務していた。「平地の少ない下條村で農集排による下水道整備を行うのは、投資効率が悪すぎるのでは」と疑問を呈したのである。

伊藤さんの目には、村の計画は杜撰《ずさん》なものにしか見えなかった。様々なコストを考慮せずに立てていたからだ。下水道事業の総事業費は約四五億円と試算されたが、予算規模約二〇〇億円の村にとって大きな負担となるのは間違いなかった。それでも事業費の半分は国の補助金で賄え、残り半分も借金で手当てできることから、安くすむという捉《とら》え方だった。それどころか、国の補助金を使わないと損だといった声まであった。

伊藤さんの捉え方は違った。さっと頭の中で算盤を弾《はじ》いたのである。事業費の半分にあたる二二億五〇〇〇万円を三〇年償還で借り入れた場合、村が返済する元利償還金の合計額（当時の企業債の金利で試算）は約四五億円にのぼる。何のことはない、国からの補助金分がまるまる食われてしまう計算になる。

また、管渠の布設で一メートル一〇万円程度かかるなどイニシャルコストが高額なことに加え、ランニングコストも加わる。効率化を図りにくい地形で、しかも、ポンプアップの必要が考えられるなど維持管理の負担増が予測される。

さらに、借金を完済した頃には大規模メンテナンスが必要となり、新たに巨額の資金を用意しなければならなくなる。

伊藤さんは農集排による下水道と合併浄化槽の費用対効果を客観的に検証し、そのうえで村のとるべき道を選択すべきだと考えた。そして、とにかく農集排の事業の実施をストップさせねばならないと様々な行動に出たのである。村長に直談判もした。

だが、その反応は「（近隣の）どこの自治体も農集排でやっているじゃないか」というものだった。役場職員出身の町長は、横並びと事なかれ、そして、国策にひたすら従うごく普通の首長だった。長野県の担当者からもケンモホロロの対応を受けた伊藤さんは、「合併浄化槽はまるで紛《まが》い物扱いだった。皆、二軍のように見ていた」と、当時を振り返った。

地域重視で行った「常識外れの決断」

伊藤さんはこのままでは村の将来を危うくする事態になってしまうと、危機感を募らせた。同僚議員への説明と説得を懸命に重ね、農集排による下水道事業の実施にストップをかけることに成功した。一年間かけて検討することになったのである。

下水道委員会は事務方に試算データの作成と提出を求めた。農集排による下水道と合併浄化槽の双方のイニシャルコストとランニングコストの試算値である。さらに、先行事例の視察で各地を回り、徹底調査した。視察先でマンホールの蓋を開け、中を覗《のぞ》き込むことも度々だった。実際に合併浄化槽を使っている住民の生の声に耳を傾けた。

こうした調査研究を重ねたことで、双方の事業が持つコスト面以外でのメリットとデメリットも見えてきた。

たとえば、利用者の利便性だ。農集排による下水道は、個人宅の排水管を布設された下水管に接続するだけで完了となる。あとはプロの下水道事業におまかせで、利用者は料金を支払うだけとなる。

ところが、合併浄化槽の場合はそうはいかない。利用者自らが管理責任を負うことになるからだ。年一回の水質検査が義務付けられており、この他に年一回は清掃（汚泥引き抜き）を行い、保守点検（四カ月に一回以上）もしなければならない。こうした管理を怠ったまま合併浄化槽の利用を続けると、地域の環境を汚染することになる。

設置の進め方にも違いがある。農集排による下水道の設置は集落ごとに行うため、事業を始める前に住民の意見をとりまとめなければならない。これが実は、ひと苦労なのだ。事業主体（村）が思いのままに工事を進められるわけではなく、工事そのものにも相当な時間がかかる。

その点、合併浄化槽はマイペースで設置できるというメリットがある。一軒一軒、戸別に浄化槽を設置するだけなので、稼働するまでの時間もたいしてかからない。下水道事業のような大型公共事業とは異なり、手軽で簡単なのだ。

工事の難易度にも大きな差があった。地下に下水管路を張り巡らす工事は技術的に難しく、大手の専門業者にしかできない。地元業者には荷が重すぎ、合併浄化槽の設置のようにはいかなかった。

下條村議会の下水道委員会は会合を重ね、様々な視点で両案のいずれを選択すべきか検討した。議員の三分の一は伊藤委員長が主張する合併浄化槽に賛同したが、残り三分の二が態度をはっきりさせなかった。このため、伊藤委員長は彼らとの話し合いを続け、こう説得したのである。

「カネのない村が四五億円も借金をして本当に大丈夫か！　下水道は住民生活の利便性をあげるものだが、生産性をあげるものではない。安くできてしかも同じ機能を果たせるものがあるなら、そちらを選択すべきではないか」

こうした理詰めの説得が奏功し、下條村は合併浄化槽一本でいくことになった。当時としては常識外れの決断で、国や県、周辺自治体やコンサルタント会社などからは「なんでそんなおもちゃみたいなものにするのか」と、散々な言われ方をされた。突飛な行動をとる変わり者の村としか見られなかったのである。

こうして一九九〇年から下條村で合併浄化槽の設置が始められた。当初の計画以上に合併浄化槽の設置が進み、現在、その数九四九基にのぼる（二〇一三年度末）。総事業費は約八億八三七九万円で、内訳は村の負担金が約二億五五六三万円、国と県の補助金がともに約二億二六〇〇万円。それに設置者（住民）負担額が約一億七六一六万円だ。つまり、イニシャルコストは約八億八三七九万円で、約四五億円と試算された下水道事業の二割以下ですんだことになる。しかも、後年度負担はなく、下水道事業と違って人件費もかからない。ちなみに一戸当たりの設置負担額は単純平均で、約一八万五六〇〇円となる。

ランニングコストも下水道事業よりも格安ですんでいる。農集排による下水道整備を行った近隣自治体の数値と比べてみると、ランニングコスト（自治体の管理費と元利償還金、下水道使用料の合計値）は一戸当たり年間約一一万九六〇〇円にのぼる。これに対し、下條村の合併浄化槽のランニングコスト（水質検査料や保守点検料、清掃費や電気代の合計値）は、一戸当たり年間約四万七九〇〇円と、半分以下となっている。住民個々の懐具合にやさしいだけでなく、小さな村の財政にも大きな助けとなったことはいうまでもない。

国策に惑わされることなく、周囲の目を気にして付和雷同してしまうこともせず、自分たちの地域の実情に合った施策を自分たちで選び抜き、その道を愚直に進んできたことの成果が今日の姿となって現れているのである。

【意識改革】

組合の要求書に「ノー」

「私には自分を褒めたいと思うことが二つあります。一つは、戦中・戦後の飢餓の時代をよくぞ生きのびたという点です。子どもの頃はとにかく、めしを腹一杯食べたいと思っていました。二つ目は、村長になってあれだけのお大尽の集団だった役場職員を意識改革さ

伊藤喜平村長

せたことです。彼らの目つきが変わり、仕事ぶりも変わりました」
下條村の伊藤喜平村長は眼鏡の奥の目を細めながら、しみじみと語った。微笑《ほほえ》んでいるようにも遠くに視線を送っているようにも思えた。「奇跡の村」を生み出し、育てあげた最大の功労者である。
一九九二年七月に村長に就任し、現在、六期目。四半世紀近く村を牽引し続けているが、就任当初は職員らから猛反発され、役場内の雰囲気はそれまでと一変した。
現在もそういう自治体が数多く残っているかと思われるが、当時の下條村は村長がトップで、その下に助役が続くという組織ではなかった。助役は実質上、組織のナンバースリーで、別の人物がナンバーツーとして君臨していた。役場の職員組合の委員長である。

伊藤さんは村長就任直後に、職員組合から労働条件に関する要求書を突き付けられた。職員組合の委員長ら三人が村長応接室で手渡したのである。組合側からは文書での回答を求められたが、伊藤村長は帰ろうとする三人を呼び止めた。そして、その場で要求書に書かれていた項目ごとに回答を言い渡した。いくつかの項目については検討するとし、その他については「ノー」と突っぱねたのである。

組合側はその迫力に圧倒されたのか、黙って帰っていった。それ以降、要求や接触などは一切なかったという。

村で中小企業を経営していた伊藤村長は、役場職員の仕事ぶりや仕事の仕方、さらには役所組織の体質・文化といった諸々《もろもろ》に強い不満を抱いていた。公務員は目的意識が希薄で、スピード感やコスト意識を欠いている。チャレンジ精神も乏しく、前例踏襲主義に逃げ込んでチンタラと仕事をしているとしか見えなかったのである。他人の仕事の領域には手を出さず、どんなに暇であっても腰をあげることはない。まさに「急がずサボらず働かず」である。もちろん、それは下條村の職員に限った話ではなく、全国の自治体職員のごく一般的な姿といえる。

公務員の効率を意識しない仕事ぶりに、伊藤村長は怒りに近いものを感じていた。「お役所仕事」を一日でも早く一掃し、ぬるま湯体質の役場を変えなければ下條村の未来はないと危機感を募らせていた。

実際に役場の中に入ってみて、伊藤村長は予想していたものの改めて愕然《がくぜん》とした。それまで中小企業の経営者として真剣勝負の毎日を送ってきた。会社の従業員も真剣勝負で働いていた。そうした従業員のパワーを一〇とするならば、役場職員は四か五くらいの力しか出していないと感じた。

さらに、「かかった分が経費」という考え方で、コスト意識や競争原理が全くといってよいほど機能していない。民間企業だったら、間違いなく倒産だと痛感した。

民間企業で職員研修

だが、一番の問題点はトップの姿勢だと考えるようになった。トップが全体の奉仕者としてしっかり目標を定め、明確な指示を出せば公務員は真剣に働くし、能力もあると見抜いたのだ。それまでは、リーダーがあまりにも無責任すぎた。職員は悪くないと思うようになったという。

伊藤村長は役場職員の意識改革を最重要課題とし、真っ先に取り組むことにした。「一般の人から禄《ろく》をもらっているのだから、せめて一般企業並みに仕事をしてくれよ」と、職員に言い続けた。

だが、反応は芳しくなかった。当時を知る下條村の職員ＯＢは「村長は会議の度に『あーでもないこーでもない』と厳しく言っていました。とにかく『効率よく仕事しろ』とそれはもう口うるさかった」と語る。前の村長はガミガミ言わなかったのに伊藤村長は……という不満が職員の間に充満していったという。

そして、職員ＯＢは「どんなに口酸っぱく言ってもダメなので、それで研修となったたんだと思いますよ。それはもちろん、組合問題になりました」と、当時の出来事を振り返る。

就任から半年ほどが経過した一九九三年一月、伊藤村長は職員を驚愕させる施策を発表した。当時としては前例のない職員研修だった。飯田市内にある大きなホームセンター、綿半《わたはん》ホームエイドに全職員を交代で一週間ずつ送り込み、物品販売の店頭に立たせるというそれも、役場が一番忙しい予算編成時期の一月である。あえてその時期を狙《ねら》ってのことだった。

伊藤村長は表情を緩めながら「職員はみんな、びっくりしてたねー」と、当時のことを懐かしそうに語る。実は、民間企業での職員研修は村長就任前から温めていた構想だったと明かす。研修先の段取りも前年一〇月にすでにつけていた。綿半ホームエイドの下條村出身の役員に直接、村長自らが受け入れの依頼をしていたのである。

公務員が民間企業で研修することは今ではそう珍しくもないが、二〇年以上前は違った。そもそも民間企業に公務員を研修に出すという発想などなく、下條村の計画を知らされた長野県が「地方自治法に抵触する恐れがある」として問題視したほどだ。実際、村役場に県の担当者から直接、問い合わせ電話が入っていた。県から市町村に電話が入るだけで大騒ぎとなる時代だったが、伊藤村長は全く意に介さなかった。県の担当者に「任命権者である私が責任をとります」と明言し、押し切った。

職員組合も民間企業への研修計画に猛反対し、上部団体の担当者が役場に乗り込む事態にまで発展した。だが、伊藤村長はここでも一歩も引かなかった。乗り込んできた組合オルグに対し、「庁舎管理者の権限として勤務時間中の庁舎内への立ち入りを禁止する」と通告し、立ちはだかった。そして、「私は下條村をよくしようと思って命がけでやっている」と声を張りあげた。

役場の雰囲気が変わった

こうしたひと悶着《もんちやく》を経て、前代未聞の職員研修が実施されることになった。ホームセンターでの店頭販売の研修である。伊藤村長を除く全職員（助役や教育長も含む）が五人ほどの一一チームにわかれ、一週間ほど販売員として店頭に立った。

職員は八階建てのホームセンターの各売り場に配置された。朝から接客態度や商品知識を教えられ、慣れない接客業務にあたった。そして、一日が終わると、売り上げ結果を基にした会議に臨んだ。

国や県から来るカネを配ることを仕事としていた職員にとって、カネを稼ぐことの苦しさやつらさを知る貴重な経験となった。伊藤村長の耳には「仕事の邪魔になって仕方ない」との店側の本音も伝わってきたが、変更することなく続けられた。

職員の中にはホームセンターでの研修後、さらにもう一カ所、民間の工場での研修に出された人もいた。このため、民間企業での職員研修は長期間に及んだ。

伊藤村長は研修後、職員の目の色が変わったと感じたという。「彼らはこういう世界があるのだとわかるようになりました。外の世界を体験したことで、意識は大きく変わり、やる気になったのです」と、職員研修の効果を語る。

もっとも、実際に研修した職員側の受け止め方は若干異なっていた。

研修先で寝具や家具、宝石などを販売したという職員ＯＢは「民間の厳しさやノルマに追われる大変さはわかりましたが、そもそも役場の仕事ではないので、研修で意識改革がなされたという感じではありません。研修に行ったからではなくて、村長が口うるさく言うので、職員が変わっていったんだと思います」と率直に語る。また、研修を体験した現職の役場職員も「個人的にはそれほどとは思いませんでした。ただ、村長の意気込みは凄く感じました」と小声で語る。

異質なトップの奮闘により、役場全体の雰囲気が変わっていった。ぬるま湯に浸りきったような「お役所仕事」が姿を消し、テキパキと働く精鋭集団に変貌《へんぼう》していった。一人一人の職員が仕事を効率よく行うようになれば、職員数を削減しても業務に支障は生まれない。下條村は退職者の穴埋めをしない「不補充」を続けることで、職員数を減らしていったのである。

また、縦割り行政の弊害をなくすために組織改革も進めていた。課を総務課・振興課・福祉課・教育委員会の四つに統合し、係長制度を廃止した。細々した仕事の枠を取っ払い、一人の職員がいろんな業務を兼務するようにした。二〇〇三年一一月には収入役をなくし、教育長も〇六年一〇月から欠員にしている。

少数になれば精鋭になる

伊藤さんが村長に就任した一九九二年度の正規の職員数は五一人だった。それが、二〇一五年四月現在では三九人（育休一人）となっている。類似自治体（人口五〇〇〇人以下で、産業構成で二次三次が八割未満の自治体）の半分ほどの職員で業務をこなしていることになる。正規職員の他に二三人の嘱託職員がいるが、内訳は、保育士二人、給食関係五人、小中学校の講師三人、施設公園などの管理人や図書館司書補助などである。正規と非正規の職員を合わせて六二人である。人件費を削減し、浮いた分を必要な投資に回しているのである。職員が少なくなると行政サービスも落ちるのでは、と心配する人もいるはずだ。はたして実態はどうか。

伊藤村長が進める行政改革に当初、抵抗したという村の職員ＯＢがこう打ち明けた。

「公務員は自分がヒマだとは絶対に言いません。どんなにヒマでも自分の担当の仕事以外には一切、手を出しません。ですから、職員が一人何役もこなすのは、やってみるとできるものです。今までそれをやらなかっただけなんです」

そして、こんな実情も明かしてくれた。

「普通の首長は職員個々の能力や仕事量などわからないものですし、わかっている首長もあえて波風をたてたくないので、そこには触れません。よっぽど意志が強くないと（職員数の削減などは）できません」

行政組織は仕事量と関係なく肥大化し続けるものだといわれているが、小さな役場もその例外ではない。それを伊藤村長は見抜いていたからこそ、不退転の決意で職員の意識改革に臨んだのであろう。厳しい条件下に置かれた小さな山村が生き延びるには、避けて通れない道だと考えたのだ。まさに命がけであった。

こうして下條村役場は少数精鋭となったが、伊藤村長の持論は「少数精鋭とは、少数になれば精鋭になる」というもので、世間一般の捉え方とはやや異なっていた。それはこんな考え方だった。

もともと優秀な職員が、それぞれの能力を最大限に活用せずにいる。それは、彼らが目の色を変えて仕事をするような環境にいたことがなく、懸命に働くということがわからないからだ。職員個々に責任があるのではなく、行政トップの姿勢に問題がある。明確な指示をトップが示せば、職員は懸命になって働くし、能力も間違いなくある。

つまり、首長は職員が生き生きと働くような環境づくりをしなければならないという考え方だ。「少数になれば精鋭になる」というのはやや極論に聞こえるが、逆説的な表現であろう。職員がたくさんいれば、よりよい行政サービスが受けられるものではない。能力ある職員が本当に必要な仕事を効率よく行えるように、トップが差配することがなによりも求められている。伊藤村長はその第一歩として、職員の意識改革に心血を注いだのである。

成果は着実にあがっていた。行政視察に訪れる自治体関係者は、下條村の職員数を知ると皆、驚きの声をあげるのだった。実際に下條村役場での研修を半年間にわたって続けた福島県泉崎《いずみざき》村の職員は「下條村の職員はとにかく仕事がはやい。効率よくやっていて、一人で二人分ぐらい働いている感じです」と、間近で見た感想を率直に語った。職員の横のつながりが強く、日常的に課をまたいで仕事をしていると驚嘆していた。

小さな村である。テキパキと仕事をする職員の姿が当たり前の光景となった。彼らの働きぶりの変化は住民にも鮮明に見えるようになり、「今までふんぞり返っていた連中が頑張り始めた」と驚きを持って受け止められるようになった。

そして、次第に住民の意識にも影響を及ぼすようになっていった。なんでも行政まかせ、といった風潮に変化が生まれてきたのである。伊藤村長が意図した「隗《かい》より始めよ」の波及効果が村内にジワジワと広がっていった。

そうした機運を逃さず、伊藤村長は、行政がやるべきものと、地域の住民が自らやるものを明確に区分することを宣言したのである。その一つが、建設資材支給事業だった。

【資材支給事業】

「ご自分たちで汗をかいて下さい」


「もう年一回は必ずやる行事みたいになっています。今年（二〇一四年）は二カ所、六〇メートルぐらいやりました。五六戸のうち半分ほどが参加して、一時間半ぐらいで終わらせました。全員、男性です。奉仕ですので、出不足（不参加にともなう一種の罰金）はとりません。段々、工事する場所が少なくなってきました」

こう話すのは、下條村の阿知原地区に住む井村文人さん。二〇一二年まで地区の道路委員長を務めた地域の長老だ。八〇歳を超えた現在も実にかくしゃくとしていて、毎日、農

完成の日付が刻み込まれた農道

作業を続けている。

案内されたコンクリートで舗装された農道には「平成26・9・6」の日付が刻み込まれていた。井村さんら地元住民が自ら施工し、完成させたばかりの農道の一つ。六〇メートル程の長さだった。

下條村ならではの独自施策の一つに、資材支給事業がある。これは村道や農道、水路などの整備を住民自らが行い、村はその資材を支給するというものだ。つまり、行政側が資材を支給し、住民側は労力を無償提供するのである。通常ならば、行政が公共事業として業者に発注する工事を住民たちにやってもらう、奇想天外なものだ。もちろん全国的にもきわめて珍しい取り組みである。

資材支給事業を発案したのは、伊藤村長だった。役場職員に意識改革を求め、「お役所仕事」の一掃を進めていた伊藤村長は、住民にもある要求を突き付けた。「なんでも行政頼みではなく、地域のみんなでやれることはやって下さい。そのために知恵を出し合い、汗もかいて下さい」と言い出したのである。それが、住民自らが地域内の小規模公共工事を施工する資材支給事業の提案だった。村としてやれることにも限度があるので、工事費二〇〇万円以下の小さな工事は自分たちでやってくれ、と率直に語ったのだ。

伊藤村長の突飛で大胆な提案に村内は大騒ぎとなった。村内の三四地区ごとに村長が資材支給事業の説明に回ったが、あちこちで反対の声が巻き起こった。当時、阿知原地区の区長を務めていた井村さんは「最初はみんな『そんなバカな話はないだろう。村がやるのが当たり前だ。我々は税金を払っているんだ！』と怒りました。ものすごい反対ばかりでした」と振り返る。行政の責務を放り投げる無責任な施策だ、との批判が村内から噴出した。

だが、伊藤村長はあきらめなかった。住民から激しい批判を浴びながら一歩も引かず、資材支給事業の説明を重ねた。村会議員を連れて工事の要望を直談判に来る地区もあったが、伊藤村長はそれでもたじろがなかった。「この程度の工事は下條村ではやりません」「どうかみなさんご自分たちで汗をかいて下さい」「私の任期中にはいたしません」「浮いたカネは巡り巡って必ずみなさんのところにかえります」と、頑として首を縦に振らなかった。

険悪な雰囲気が半年ほど続き、伊藤村長は「選挙のときは頭を下げておいて、村長になったら、あれはやらん、これはやらんと、とんでもない野郎だ」と罵詈《ばり》雑言を浴びるまでになった。夜道を注意しながら歩く日々が続いた。

しかし、伊藤村長の頑固一徹さは、筋金入りだった。とうとう「いくら言っても村長は方針を変えないだろう。仕方ない。自分たちでやってみるか」という地区が現れるようになった。下條村の大久保地区だった。住民側が根負けし、腰をあげることになったのである。それにはいくつかの事情が隠されていた。

共助の慣行がよみがえる

そもそも生活道路や農道、水路の整備といった小規模な工事ほど、住民の不満が募りやすかった。各地域から村に多数の要望が寄せられながら、予算やこなせる事業量などの都合から後回しにされがちだ。受益者の多い大きな工事がどうしても優先され、小規模な工事であればあるほど、実施されるまでに時間がかかるのが下條村のみならず日本の公共事業の一般的な姿だった。前出の井村さんは「村をあてにしていたら、待たされ続けていつできるかわからない。とにかく自分たちでやってみるか、となったんです」と住民の気持ちの変化を分析する。

かつての日本社会では、地域住民による助け合いがごく普通に行われていた。住民が互いに労力や資金を出し合い、地域の水路や生活道路、堤防などの整備や補修、草刈りや清掃などを行っていた。「結い」や「普請」と呼ばれる地域共同体の共助の慣行である。こうした地域住民による無償の共同作業を下條村周辺では「お役《やく》」と呼び、長年、続けられてきた。地域に残っていたそうした共助の慣行も資材支給事業を下支えすることになった。

半年間に及ぶすったもんだの末、下條村大久保地区で初めて資材支給事業が実施されることになった。工事現場で働く農家も多く、作業に戸惑う住民はそれほどいなかった。住民手づくりのコンクリート舗装道路はその翌日から使用可能となり、整備を待ち続けていた地域住民を大喜びさせた。

伊藤村長は「実際にできあがったものを見て、なんでこんなことで大騒ぎしていたのかとなりました。そして『税金を払っているのになんでだ』といった文句を言う人はいなくなりました」と当時を振り返った。

大久保地区での資材支給事業の第一号の評判が村内に広がり、手をあげる地区が相次ぐようになった。早くできるので住民も助かるし、事業費を大幅削減できるので村の財政にも大きなメリットがあった。なにしろ、経費は、村が公共事業でやる場合の五分の一から六分の一で収まるのである。

こうして資材支給事業はスタート初年度(一九九二年度)に二五カ所、事業費約四九五万円を記録した。その後は各地区が競い合うかのように事業を展開するようになった。二〇一四年度までの二三年間で、施工個所は一六一二カ所に達し、総事業費は約三億〇三四三万円にのぼる。ピークは一九九八年度の一一四カ所、約三一九一万円で、二〇一四年度は四七カ所、約六九八万円だった。

資材支給事業の仕組みはこうだ。事業目的は、「地域住民の生活環境を整備するために、住民自らが施工する工事に関し、村がその資材を提供する」というものだ。事業の対象となる工事は、いずれも受益者三名以上の村道整備（舗装や敷き砂利、側溝敷設、横断工など）と農道整備（村道と同じ）、それに水路整備（土側溝の整備、漏水個所の整備、取水施設の整備など）で、年間予算は約一〇〇〇万円である。

まず地区ごとに、どこを整備するかといった住民の声をまとめて村に申請する。事業は村がむりやり強制してやらせるものではなく、地元住民の要望と発意による。それ故に実施しない地区もある。また、私有地を工事する場合はその土地を村に寄付してもらうことになっており、地主の承諾が得られなければ、はなから申請もできない。

地区によっては住民の声をとりまとめたり、役場や地主との窓口を務める道路委員会を設置したり、そうした役割を区長が兼務するところなど、様々である。

工事の申請が通って初めて、村から資材が提供される。工事内容によるが、生コンクリ

資材支給事業で整備された舗装路

ートや砕石、U字溝などの二次製品である。それらを使って住民が工事を実施するが、工事の仕方や段取り、事業に関する決めごとなどは地区によって異なる。生コン会社が営業していて、しかも、住民が工事に参加しやすい土曜日に実施するところがほとんどだ。このため、下條村では週末になると村内三四地区のどこかで、道路や水路の整備や補修の工事が行われるようになっている。

「コンクリート舗装の道路は堅くて丈夫なんですが、こんな風に割れてしまうと補修できません」

阿知原地区の井村さんは、自分たちで施

工した道路などを案内しながら、いろんな話をしてくれた。

阿知原地区が資材支給事業を始めたのは、一九九七年から。井村さんは当時、区長を務め、その後、九九年から二〇一二年まで道路委員長として事業に関わった。自分たちが手掛けた全ての工事に思い入れがあるようで、「ここは地主さんの承諾が得られず、途中までとなった」「ここは真ん中に水路があって工事に苦労した」「地主さんが余所《よそ》の地区の人で少しもめてしまった」など、一つ一つの現場でエピソードを明かすのだった。

出来具合にいま一つ納得いかぬものや大満足のものまで、様々あるようだった。また、地区の住民がそれぞれ道具を手にして集まり、一緒に作業を行うのである。ワイワイ言いながら進めるので、お互いのいろんな面が見えてきて楽しいという。作業を重ねるうちに各人の腕もあがり、ひと仕事終えた後の一杯がなによりなのだと笑いながら語った。

土建業者と共存共栄

ところで、住民自らが小規模な公共工事を無償で行うことで、何らかの弊害が生まれることはないのだろうか？　たとえば、地域の土建業者への影響である。プロの仕事を奪うことにつながらないか。

実際、資材支給事業の提案がなされた当初、業者はいい顔をしなかったという。公共工事がまだたくさんあった時代だったので、激しい反対はなかったものの、快く思っていないのは明白だった。それでも事業の内容と趣旨、狙いなどの説明を繰り返すうちに業者の反発や抵抗は鎮まっていった。

事業の対象が小規模な工事ばかりで、実質的に後回しにされて発注までに時間を要するものばかりだったからだ。かかる手間暇の割に儲けが少なく、プロが触手を伸ばす類のものではなかったのである。つまり、プロの業者が手掛けるような仕事を奪うことにはならなかった。

プロの土建業者も現在、各地区の資材支給事業に参加している。そんな彼らの腕が地域にとってきわめて重要なものとなっているのは言うまでもない。このため、これまであまり発言力を持っていなかった土建業者が、地域内で一目置かれる存在になっていったそうだ。

自分たちの地域の課題を、自分たちが額に汗して、自分たちでできるだけ改善する。

そんな姿が、昔は日本社会のどこでもごく普通に見られたものだ。ところが、今は何もかも行政におまかせするのが当たり前のようになってしまっている。それどころか、「我々は税金を払っているのだから、行政サービスを受けるのは当然だ」と考える向きが多く、行政への要求・要望はあれもこれもとエスカレートする一方である。

こうした行政への過度な依存の流れを断ち切ろうというのが、資材支給事業であった。もちろん、行政コストの縮減につなげ、浮いた分をより優先度の高い事業に振り向けたいという狙いもあったが、一番の肝はこちらだ。つまり、住民の意識改革である。

下條村に現在もひっきりなしに行政視察がやってきているが、資材支給事業についてはうちではとてもできません」という反応がほとんどで、残念ながら全国に波及していない。「こんな提案を住民にしたら、選挙で間違いなく落とされてしまう」とつぶやく視察者ばかりだという。

【若者定住策】

財政健全化で攻めの姿勢へ

伊藤村長は「何もない村でもどうにか成果を出しております。それを見ていただいたら、あそこだってやっているじゃないか、と勇気が出てくるのではないでしょうか」と、にこやかな表情で語った。そして、こんなことも口にした。

「何もなかったからかえってよかったのではないかとも思います。全村民に危機感だけはしっかり抱いてもらうように心がけてきました。結果として恥ずかしくない行政をやっていると思います」

伊藤村長の発想は、まずは財政を健全化し、その後に行政をどうするかを考えるというものだ。行政が前面に出てしまうとコスト意識が希薄になり、あれもこれもという積み重ねの理論で肥大化し、にっちもさっちもいかなくなってしまいがちだと見ていたからだ。

真っ先に取り組むべきは「行政改革」ではなく、「財政改革」であるという信念を持っていた。おそらく村長就任前に「カネがなくては何もできない」という厳然たる事実に何度も直面し、苦闘する日々を送ってきたからであろう。

先述のように一九九二年に村長となった伊藤さんが最初に取り組んだのが、職員の意識改革だった。役場職員を働く集団に育てあげ、業務の効率化を進めた。「隗より始めよ」という大号令を発し、それを断行した上で、資材支給事業を提案し、住民側の奮起を促した。また、村長就任直前の議員時代には合併浄化槽の導入を主張し、村の財政基盤の強化に大きな役割を果たした。

衝突を恐れず、国や県に対しても主張すべきことを主張する伊藤村長に対し「ワンマン」「堅物」といった批判や陰口が消えたわけではなかった。それでも九六年の村長選では、これまでの最多得票を大きく上回る一九九三票を獲得し、再選された。

下條村の財政状況は、着実に好転していった。「財政改革」の成果は、財政指標の数値となって現れるようになった。財政力指数は相変わらず〇・二台と低かったが、財政の余裕度を示す経常収支比率は六〇％台（低いほどよく、七〇から八〇％が標準とされる）で、自由な財政運営が可能になっていた。

二〇一三年度決算の経常収支比率は六五・一％。借金返済の重さを示す実質公債費比率はマイナス五・四％で、全国ベスト三位（トップは東京都杉並区、二位は同江戸川区）。同年度決算での実質的な借金残高（一般会計ベースで交付税措置分を除いた額）はわずか一億一四五七万円にすぎない。

一方、村の基金（貯金）残高は六〇億三三一六万円にも達している。人口四〇〇〇人ほどの小さな山村でしかない下條村は、全国の自治体関係者が舌を巻くほどの健全堅実財政を確立させているのである。日本一手堅い財政運営といっても過言ではないだろう。

こうした財政健全化を背景に、村は攻めの姿勢に転じ、大胆な施策を打ち出した。

それが、人口増を目指す若者定住促進住宅の建設だった。

若者向け集合住宅を自主財源で建設

一九五五年に六〇〇〇人台を割った下條村の人口は、その後も減少し続け、七五年には四〇〇〇人台となってしまった。その後も微減傾向が続き、八七年にとうとう四〇〇〇人の大台を切ってしまう。若者の都会への流出が止まらず、村の存続が危うくなっていた。

人口減少に歯止めをかけなければ、村の活性化はあり得ない。村は危機感を募らせ、若者の定住を誘導する施策を模索した。

今や、どの自治体でも移住者誘致に力を入れるようになっている。安倍政権が掲げる「地方創生」の動きも加わり、一大ブームの様相を呈している。全国各地の自治体が移住者への様々な優遇策を取りそろえ、激しい争奪戦を展開する。移住希望者へのサービス合戦は過熱する一方で、彼らに対して、まるで賓客のように接する自治体も少なくない。

小さな山村である下條村も移住者誘致に力を入れる自治体の一つだが、その内容はひと味もふた味も違っていた。

そもそも移住者誘致の取り組みが早く、二〇年も前からだった。その当時は、移住者誘致を掲げる自治体など珍しかった。さらに、下條村は村独自の策を編み出して戦略的に進めていた。目玉施策となったのが、若者定住促進住宅の建設だった。

下條村は一九九〇年度から九六年度の間に一戸建て村営住宅（一五四戸）を建設したが、翌九七年度から集合住宅に政策転換した。一棟一二戸を標準とするマンション風の建物で、若者を対象にした。そのため、村営住宅の建設を村の単独事業で行い、国の補助金を活用しない道をあえて選択した。一般的な自治体ではあり得ない発想だった。

自治体が公営住宅法に基づき、国の補助金を活用して建てるのが公営住宅だ。低所得者を主な対象にしたもので、入居には所得制限が設けられている。家賃は所得によって変わり、間取りなどに国が定めた基準がある。入居者の選定は公平・平等が原則で、要件に合致した入居希望者から抽選で選ぶことになっている。自治体側が入居者を選別したり、独自の条件を付けたりすることは認められていない。つまり、自治体は国から補助金をもらう代わりに様々な制約を受けることになるのである。

下條村がどうしても譲れないと考えたのが、入居者選定だった。村独自の基準で入居者を選択することを重視し、国の補助金を活用しない道をあえて選択したのである。その分、村の持ち出しは増えるが、財政改革の進捗により充分カバーできると判断した。

こうして、新しいマンション風の村営集合住宅が次々に完成した。2LDK約二〇坪、家賃が月三万五〇〇〇円から三万六〇〇〇円。飯田市内の民間アパートの半分ほどの安さで、しかも、車二台分の駐車スペース付きである。

新しい村営の集合住宅は「メゾンコスモス」と名付けられた。いずれも国道に近く、周辺には役場、小中学校、保育所、診療所、商店、コンビニなどがある。村の中心部に建てられたのだ。建設費は一棟につき約一億円である。

若者定住促進住宅「メゾンコスモス」

独自の入居基準を設定

下條村は「メゾンコスモス」を若者定住促進住宅と位置付け、独自の入居条件を設定した。一つ目は、「子どもがいる」もしくは「これから結婚をする若者」に限定した。二つ目は、「祭りなど村の行事への参加や消防団への加入」を入居条件とした。その上で、入居者選考を「下條村の規定に基づき選考委員会にて決定します」とした。

地域に溶け込むつもりのない人は入居を断ることを事前に明言し、地域に住んでさえもらえれば誰でもよいという姿勢ではないことを明らかにしたのである。また、抽選で入居者を決めると、どんな人物が入るかわからず近隣とのトラブルや入居者同士のトラブルが起きてしまいがちである。そうしたことも考慮に入れ、入居者を村が選別することにした。国の補助金を活用しないからこそ可能なことだった。

村営住宅の建設計画を知った県からは「国の補助金がありますよ」といったアドバイスが寄せられたが、下條村は「ウチはまだ発展途上の村で、補助金を使えるようになっていません」と、やんわりとお断りしたそうだ。

下條村はこうした方針を明確に示した上で、入居者を公募した。募集要項に書かれた入居資格を読んで、応募を取りやめる人もいた。役場まで募集要項を取りに来て、その場で職員の説明を受けた結果「それならばいいです」とあきらめた人もいた。それでも格安な村営住宅には村外から若い夫婦などの応募が殺到し、大人気となった。

若者定住促進の集合住宅は、二〇〇六年度までに村内に一〇棟建てられた。このうち一棟が一六戸のため、全体で一二四戸。一戸建てと合わせると一七八戸にのぼる。家賃の安さと暮らしやすさが口コミで広がり、ほぼ満室の状態が続いている。家賃は二〇一二年度からさらに二〇〇〇円引き下げられ、三万三〇〇〇円から三万四〇〇〇円になった。

下條村は三四地区あり、各地区はいくつもの組にわかれている。その数は一二三にのぼり、若者定住促進住宅も一棟ごとに組を構成している。組長は輪番制で、一年交代となっているそうだ。村外からの入居者もコミュニティーの一員となり、村の様々な行事に参加している。

手厚い子育て支援策

若者定住促進住宅「メゾンコスモス」に入居しているのは、二〇一五年六月末時点で一一六戸にのぼる。このうち六割から七割が村外からの移住者で、残りが村内からの転居組だという。移住者組の多くが、飯田市、阿南町《あなんちょう》、阿智村《あち》、天竜村といった近隣自治体からの転入である。また、もともと飯田市などで働いていた二〇代から四〇代の人が多く、「メゾンコスモス」から村外に通勤しているという人がほとんどだ。つまり、ベッドタウンとなったのである。

こうした若い入居者の間に子どもが生まれるようになり、下條村は独自の子育て支援策で彼らを支えることにした。

下條村の保育園

たとえば、二〇〇四年度に幼児から中学生までの医療費を無料化し、二〇一〇年度からは高校卒業までに拡大した。また、二〇一一年一月から小・中学校の給食費を三〇％補助し、二〇一三年度から四〇％、二〇一四年度からは半額補助となっている。

保育料も二〇〇七年度から引き下げを続け、二〇一二年度には当初の約半額となった。国の基準保育料の半分以下という安さである。二〇一五年四月から三歳以上の第三子の保育料は無料となった。

また二〇一四年から、第二子の出産に五万円、第三子以上に二〇万円の祝い金が支給されることになった。さらに、入学祝い金として小学生に二万円分、中学生に五万円分が、それぞれ商工会の商品券で配布されることになった。この入学祝い金は二〇一五年四月から、それぞれ三万円分、六万円分に増額された。

こうしたさまざまな子育て支援策も口コミで広がり、下條村で子どもを産み、育てる若い人たちが増えていったのである。「子育てしやすい村」との評判が定着し、日本でも有数の高い合計特殊出生率を誇る自治体になったという次第である。

Iターン転居者に聞く「下條村での生活」

名古屋市出身のKさん夫婦は、二〇〇三年夏に下條村に転居してきた。二歳半の子どもを連れ、縁もゆかりもない下條村へのIターンである。経緯はこうだ。

愛知県内で働いていた夫が激務のため体を壊し、自然豊かな地域での生活を望むようになった。新潟、長野、愛知などで転職先を探した末、飯田市内の会社への就職を決めた。車で通勤できるエリアで住まいを探していたところ、知り合いが下條村の「メゾンコスモス」の存在を教えてくれた。

Kさん夫婦はそれまで、下條村が移住者支援や子育て支援に力を入れている村とは知らなかった。峰竜太の出身地だということも知らなかった。案内された「メゾンコスモス」は村役場近くに建てられた二棟のうちの一つで、村の若者定住促進住宅の中でも人気の物件だった。

2LDKで二台分の駐車場付き。それで家賃は月三万六〇〇〇円と格安だった。たまたま空きがあったので、これ幸いと入居を決めた。夫の職場まで車で十数分というのもうれしかった。

入居してみたところ、「メゾンコスモス」は同世代の子育て世帯でいっぱいだった。二棟合わせて二八戸あり、子どもの数は四〇人にものぼった。

村には保育園も小学校も中学校も、それぞれ一つしかない。すぐに子どもたちが仲よくなり、親同士も親しくなった。夕方や土日になると、「メゾンコスモス」は子どもたちの歓声で包まれるようになった。

Kさん夫婦が下條村に転入したとき、夫はすでに三六歳だった。このため、地域の消防団には入れなかった。下條村の場合、消防団員は三五歳以下と規定されていたからだ。近隣自治体では四〇歳から五〇歳ぐらいを定年にしているところが多く、消防大会などで一堂に会すと、いつも下條村の消防団員の若さが際立つという。ちなみに下條村の消防団員の定数は一五〇人だが、充足率は常に一〇〇％となっている。

やがて、Kさん夫婦に二人目の子どもが生まれた。そして、いつの間にか「メゾンコスモス」の住人の中でも二、三番手の古株となった。Kさんは「買い物は、飯田まで行ってまとめ買いします。不便さはありますが、ここに引っ越してきたのは正解でした」と語る。草刈りやお祭りといった地域活動に参加するのも楽しいという。

だが、子どもが中学生と小学校高学年になった今、いろいろ考えることがあるという。入居時には十分だった部屋が、子どもの成長により、どうにも狭くなってしまったのである。また、一番の悩みの種が子どもの教育のことだった。

下條村内に高校は一つもなく、村の子どもたちは飯田市内の高校まで通学しなければならない。ところが、通学の足となる頼みの公共交通がきわめて脆弱なのだ。中学三年の上の子が体験学習で飯田市内の志望校に行ってみたところ、片道で一時間半かかり、へとへとになって帰宅したのだという。バス、電車、さらにバスと乗り継ぎを重ねなければならず、しかも、接続が悪い。過去には、飯田市内の高校に通う生徒が通学疲れで倒れるという事例もあったという。

こうしたことから、Kさんの知り合いの中には、高校に進学する子どものために飯田市内に転居する人もいるそうだ。飯田市内に一戸建てを新築し、「メゾンコスモス」から巣立っていくケースが生まれているのである。Kさんたちは村に対し、「子どもたちのためにバスの便を改善してもらえないか」と要望していると打ち明ける。下條村が抱える新たな課題といえる。

【下條村の今】

村民アンケートで「大合併」を拒否

「下條村にとって重要な転機となったのが〝平成の大合併〟と小泉構造改革でした」

村の幹部職員OBがこう振り返る。市町村合併をせずに単独の道を選んだからこそ、下條村の現在の姿があると力説する。

財政改革に全力を挙げた伊藤村長は一九九六年の村長選で最多得票（一九九三票）を獲得し、再選を果たした。妥協なき姿勢と実行力が村民の圧倒的な支持を集めたのである。

だが、二期目に入った伊藤村政を待ち構えていたのは、国策という巨大なうねりだった。

二一世紀を目前にした日本社会は、大きな変動期に立たされていた。人口や財政、さらには経済状況などが右肩下がりに転じ、あらゆる面で行き詰まりが明らかだった。こうした社会経済情勢の激変に対応すべく、国は地方分権の推進と地方の自立を掲げるようになった。

その具体策として推進されたのが「平成の大合併」だった。市町村合併によって自治体の規模を大きくし、行財政基盤の強化を図るというものだ。スケールメリットの追求である。九九年には合併特例法が制定された。

こうして「平成の大合併」の幕が切って落とされ、あっという間に大波が日本列島を覆い尽くすようになった。その直後から小泉構造改革が始まり、「三位一体の改革」により地方交付税と補助金が大幅削減された。さらに、国は市町村合併を誘導する様々なアメとムチを繰り出した。合併するか否かはあくまでも住民の判断によるとされながら、実質的には国が合併を強力に推進し、そして、主導していった。

市町村合併の本来の目的は、自治体の行財政基盤の強化にあった。近い将来に間違いなく地域の最重要課題として浮上する人口減や財政難に対処するため、体質を強化して備えようというものだった。

しかし、「平成の大合併」は次第に本来の目的から大きく逸脱していった。自治体の行財政基盤の強化ではなく、単なる規模の拡大が目的化していったのだ。国の大号令に従うのは当然だと、多くの自治体がまるで「バスに乗り遅れるな！」とばかりに合併に駆け込んでいった。それも、バスの行き先もよくわからぬままにというのが、実態だった。なかには、合併しないと地域はもはや生き残れないと思い込み、焦り、まるで追い立てられるように合併相手を探したところも少なくない。

その結果「平成の大合併」前に三二三二あった全国の市町村は、大波が過ぎ去った時点（二〇一〇年三月末）で一七二七に激減した。だが、自治体の数は減ったものの、質の強化につながったとはとても言い難い。行財政基盤の強化どころか、お互いの水膨れ体質を温存したまま合併し、肥満体質がより悪化した事例も多い。また、地域特性により、スケールメリットの出にくい不合理な合併もある。生活圏を異にする自治体同士や飛び地合併といった歪《いびつ》なものさえ生まれた。

下條村は、「平成の大合併」という国策を前にして立ち止まって考えた。合併研究委員会を組織し、村としての検討を冷静に進めた。なにしろ山間部の小さな村で、近隣も同様の地形の町村ばかりである。合併しても効果が出にくい地域であることは明白だった。地区ごとに懇談会を開き、二〇歳以上の全ての村民を対象にアンケート調査することになった。

二〇〇四年二月に村民三二七九人を対象にしたアンケートが実施された。二八六五人が回答し、回答率は八七%に達した。結果は、自立(律)に賛成が二一一〇人。自立(律)に反対は一一〇人だった。

この結果を受け、下條村は合併せずに自立(律)の道を進むことを決定した。国策という大型バスに乗り込むことをあえて見送り、自分たちの足で歩み続けることにしたのである。下條村が国策と距離を置くのは、これで二度目となった。

伊藤村長は二〇〇四年二月二六日に「下條村自立(律)宣言」を発表し、「村民の皆様が自立（律）に村の未来を託していることに改めて身が引き締まるとともに、右肩下がりの社会経済情勢の中にあって自立（律）の道を歩むことは（中略）今まで以上のご協力をいただかなければなりません」と、村民に更なる協力と理解を求めるメッセージを発表したのである。

ハコモノは、国の補助金を上手に活用

安易に国策に乗らず、目先の有利さに釣られて補助金に手を出すこともない下條村は、日本の地方自治体の中ではきわめて稀有な存在と言ってよい。そうした村の特徴的な取り組みを聞くと、村民はさぞかし我慢を強いられているのではと思うかもしれない。そして、倹約に倹約を重ねているため、村には貧弱な施設しかないのではと決めつけてしまう人もいるかもしれない。

ところが、意外なことに現実はそうではない。各種の公共施設が村内にきちんと整備されているのである。

たとえば、こんなハコモノがある。ふるさと体験館「コスモスの湯」（一九八九年度建

設）、レストハウス「レスト秋桜」（一九九〇年度）、図書館（一九九四年度）、道の駅（一九九五年度）、ふるさと交流センター「うまいもの館」（一九九六年度）、インドアスポーツセンターとそばの館（一九九九年度）、医療福祉保健総合健康センター「いきいきらんど下條」と農産物加工施設（二〇〇〇年度）、文化芸能交流センター「コスモホール」（二〇〇二年度）など。

超健全堅実財政を続けている下條村は、爪に火をともすような我慢生活を強いられているのかと思いきや、そうではなかった。

これらの施設は、いずれも国の補助制度をうまく活用し、村の負担が少なくてすむようにしてつくられていた。下條村の財政担当を務めたあるＯＢは、こんな内幕を話してくれた。

「国は急に補助制度などを新設したり、選挙近くになると予算のバラマキに出たりします。一方、こちらは事前に施設建設の計画などをきっちり立てていますので、景気対策などで国がよい条件の補助事業などを出してきたら、それに飛びつくのです。言ってみれば、国の無計画性をうまく活用しているのです」

具体的に説明しよう。下條村は二〇一三年度に小学校のプールと地域武道センター（武道館）を建設した。それぞれの財源内訳はこうだ。

プールの総事業費は約一億四〇〇四万円だった。国からの交付金（補助金）が二つあり、「学校施設環境改善交付金」約七〇七二万円と「地域の元気臨時交付金」三〇〇〇万円の計約一億七二万円。さらに補正予算債（村の借金だが、元利償還金の一部を国が後年度に交付税で措置してくれる）が三八九〇万円。残りのわずか約四二万円が、下條村の負担である。

武道館の総事業費は約一億六五二二万円で、こちらも国からの交付金（補助金）が二つ。「学校施設環境改善交付金」約五五六二万円と「地域の元気臨時交付金」五九〇〇万円の計約一億一四六二万円。この他に補正予算債が五〇一〇万円で、残りわずか五〇万円が村の持ち出しである。

下條村が利用した国の二つの交付金のうち、「地域の元気臨時交付金」は、政府が二〇一二年度補正予算に急遽、盛り込んだメニューだった。示されたのは年度末ギリギリの二〇一三年一月末で、急に提示されても即座に対応できる自治体などそうはない。だが、仕事のはやい下條村職員にとっては不可能なことではない。申請書類をまとめあげ、締め切り一週間前に提出して交付金を獲得したのである。

下條村の宮島利明副村長は「(国の)縛りのない交付金・補助金は積極的に活用します。縛りがあっても(その縛りが)村にあえば、活用します。あわなかったら、活用しません」と語る。なるほど、国の戦略なき予算のバラマキをうまく活用しているのである。したたかという表現がぴったりだ。

今後の課題——薄れる議会の存在感

下條村の伊藤村長はその後、三選(得票数二〇三一票)、四選(一九五〇票)、五選(一九五五票)と当選回数を重ねた。いずれも対立候補に大差をつけての勝利だった。

そして二〇一二年の町長選挙では、とうとう対立候補が現れず、無投票当選となったのである。選挙となればそれこそ村中が燃えあがった下條村では、きわめて異例のことだった。

異例と言えば、村議会議員選挙も同様だった。下條村の議員定数は現在、一〇人。下條村の議員報酬(議長などを除く)は月額一三万二一〇〇円。このほかに期末手当が年間四・一三カ月分支給されるので、年間二一三万七七三円となる。兵庫の〝号泣県議〟で話題となった政務活動費は下條村議会にはなく、費用弁償もない。議員報酬だけで生活するのは厳しいようで、仕事をしながらの議員が多い。しかし、そんな議員の成り手さえいなくなっているのである。

二〇〇七年と二〇一一年の村議会議員選挙はいずれも無投票となった。二〇一五年四月に実施された選挙も結局、無投票となり、なんと三回連続で投票なしで議会の構成員が確定したのである。このうち新人が五人で、二期目が一人、三期目が三人に四期目が一人となった。大幅なメンバーチェンジがなされたといえるが、選挙を経験した議員はわずかに一人しかいない。議会の活力という点ではどうにも心もとないのである。

こうした状況に強い危機感を抱いているのが、伊藤村長だ。「議員も選挙の試練を受けないといけない。無投票を続けていてはダメだ。議員が浅くなってしまっている」と嘆くのだった。議会・議員の存在感が薄れているというのが、下條村のもう一つの実態と言える。

下條村で議会・議員の姿が見えにくくなっているのには、地域特有の要因もあるように思える。人口四〇〇〇人ほどの小さな村で、しかも、村長以下役場の働きが目覚ましい自治体である。そのうえ住民と役場の間の風通しがよく、直接対話の機会も多い。また、地域の課題も絞られてきていて、住民の満足感も高まっている。兼業で活動する議員に政策立案能力などを求めるのも気が引けるのか、住民の議員に対する期待感は希薄になっているようだ。だが、はたしてそれで本当によいのだろうか。

少数精鋭の下條村の役場職員は、卓越したリーダーが育てあげた、誰もが認める「プロの公僕集団」である。しかし、職員ＯＢの中にはこんな心配をする人もいる。

「職員は今、必死で仕事をしている。確かに量をこなす面では飛躍的に向上したが、質の面ではどうか。仕事をこなすのに精いっぱいで、ものを考える余裕がない。下條村を今後どうするかといったビジョンや企画の面では、伊藤さんの発想に頼り切っているのではないか」

日本の山奥に出現した「奇跡の村」は、決断力とリーダーシップ、実行力などを兼ね備えた本物の政治家の奮闘によるところが大きい。しかし、一人の力で成し得たものではなく、住民や職員などの総力によってつくりあげられたものである。住民や職員が動き出さない限り、どんなに卓越した人物であっても「奇跡」は起こせるものではない。そしてまた、傑出した人物に依存し続けていることの危うさもある。次なるリーダーにうまくバトンタッチできるかどうかが、下條村の今後の最大の課題となるのではないだろうか。

第二章　消滅可能性ナンバーワン？　「南牧村」を訪ねて

【南牧村の今と昔】

「若いと言っても七〇代後半ですがね」

ＪＲ高崎駅で上信電鉄の上信線に乗り換え、下仁田《しもにた》に向かう。二両編成の電車はゴトゴトと走っては無人駅に停車し、また動き出す。上信線の駅は全部で二〇（現在二一）。そのうち駅員が常時いる有人駅は、高崎駅などわずかに四つ。

高崎駅から一二番目（現在一三番目）の駅、上州富岡駅に着くと乗客の数がぐっと少なくなった。世界遺産となった富岡製糸場を目指す観光客らがどっと降りたのだ。その後、電車を乗り降りするのはお年寄りと下校中の高校生ばかりとなった。

電車は山間部へと入り、ゆったりとした時が流れていった。

高崎を出てから約一時間が経過し、電車はやっと終着の下仁田駅に到着した。二両の車両から降りたのは、ほんの数人だった。高崎駅から下仁田駅まで一一〇〇円の料金がかか

下仁田駅と村を結ぶ「ふるさとバス」

った。

　下仁田駅前に停車していた「ふるさとバス」に乗り換える。目指す先はここから一〇キロほどの距離にある群馬県南牧村。乗客席一二のワゴン車に腰をかがめながら、最後に乗り込んだ。「ふるさとバス」は定刻に発車した。

　車窓から街並みがあっという間に姿を消し、紅葉の景色へと変わった。小さなバスは急峻《きゅうしゅん》な山の間を蛇行する南牧川沿いをひた走る。渋滞や信号待ちなどで停車することもなく、右へ左へと曲がりながら快調に川上へ遡《さかのぼ》っていった。

　十数分ほどすると、曲がりくねった道沿

いに人家が現れた。それらは細い一本道の両側にまるでへばりつくように立っていた。視線を上に向けると、山の斜面にも人家が点在する。狭い谷間に肩を寄せ合うようにひと塊となっていた。

いつしか乗客は一人になっていた。

「ここ二、三日のうちにバタバタと四、五人の方が亡くなっています。まだ若い方もいました」

「ふるさとバス」の運転手さんがこんな話を切り出した。

「若いと言っても七〇代後半ですがね。村の人口はとうとう二三〇〇を切ってしまいました。村には葬儀屋さんは一軒だけで、このところ忙しいみたいですよ」

消滅可能性トップという烙印《らくいん》

長野県境の山あいにある群馬県南牧村は、人口わずか二二三三人（二〇一四年一〇月末）。このうち六五歳以上が一三〇二人で、高齢化率五八・三一%は全国で最も高い。七五歳以上の後期高齢者は八九五人にのぼり、村民の四〇%を占める。

一方、一五歳から六四歳までの生産年齢人口は八五八人で、村民に占める割合は三八・四二％である。つまり、七五歳以上の後期高齢者の方が生産年齢の人たちよりも多いのである。

南牧村は言わば「老人の村」となっているが、八〇代や九〇代になっても生き生きと畑仕事を続ける人が多く、村の雰囲気は暗く重苦しいものではない。むしろ、「長寿の村」と表現したほうが的確かもしれない。

そうは言っても、一四歳以下の子どもは村内に七三人しかおらず、少子比率三・二七％も全国最低である。新生児は年に一人か二人というケースが多く、二〇一三年の出生届はわずか二人だった。

このため、かつては三校ずつあった村の小中学校は現在、一校ずつに。村立南牧小学校と村立南牧中学校である。小学生は全学年合わせても二七人しかおらず、三年生はゼロ。一年生は二人しかいない。中学生も二〇人を数えるのみとなっている（二〇一四年度）。

また、南牧村内に高校は一つもなく、中学を卒業して進学する村の子どもは下仁田町や富岡市、さらには高崎市の高校などに通学することになる。いずれにせよ「ふるさとバス」を利用するなどして下仁田駅まで出なければならない。この「ふるさとバス」は廃止された上信電鉄バスの代替路線で、赤字分を村が補てんすることを条件に地元業者が運行している。

その「ふるさとバス」の運転手さんは「でも、村の高校生でバスの通学定期を使っているのは三、四人しかいません」と打ち明ける。

バスの便数が少ない（八・五往復）ため、親が自分の車で子どもを下仁田駅まで送り迎えするケースが多いという。特に高校で部活動をする生徒の場合、バス利用では朝の練習に間に合わないという事情もあった。

確かに、朝一番のバスに乗っても下仁田駅着は七時四〇分だ。そのため、朝六時に親の車で下仁田まで送ってもらうのである。そうした送り迎えが高校生を持つ村の家庭では当たり前となっているという。

バスの運転手さんはこんなことも漏らしていた。

「下仁田にある高校（一校のみ）も生徒数が激減していまして、統廃合されるのではないかと心配されています」

南牧村は、日本で最も少子高齢化が進んだ自治体であった。そして、抱える課題は、それだけではなかった。

有識者でつくる「日本創成会議」が二〇四〇年時点での各自治体の人口予測を二〇一四年春に発表し、日本中に大きな衝撃を与えた。若い女性の減少率を試算し、それに基づいて、八九六自治体を「消滅可能性都市」として公表したからだ。名指しされた自治体やその住民は、「消滅」というストレートな表現に打ちのめされたのである。

「日本創成会議」が予測した、「消滅する可能性のある自治体」のトップにあげられたのが南牧村だった。二〇歳から三九歳までの若い女性の減少率（対二〇一〇年比）は八九・九%に達し、なんと一〇人にまで減ると試算された。村の人口は二〇四〇年には六二六人に激減し、消滅可能性で全国トップというありがたくないレッテルを貼られてしまったのである。

南牧村は、現時点で人口減少と少子高齢化が最も進んでいる自治体で、かつ、将来消滅する恐れが最も強い自治体だというのである。悲惨きわまりない話で、まさにお先真っ暗と言える。

ちなみに南牧村のお隣、群馬県下仁田町は減少率八三・七％で全国ワースト一二位。現在（二〇一五年六月）八二六六人を数える下仁田町の人口は、二〇四〇年には三四三一人にまで激減すると予測されている。下仁田町にある県立高校の統廃合が検討されているというのも無理からぬ話である。

注目される今がチャンス？

下仁田駅前を出発した「ふるさとバス」は、二〇分ほどで南牧村役場前に到着した。ここまでのバス料金は三五〇円だった。南牧村から下仁田や富岡、高崎などの高校に通学するとなると、かかる交通費も馬鹿にできない。

バスを降り、南牧川沿いに立つ村役場へ向かった。県道から脇《わき》の坂道に入ると、すぐ左手に三階建ての瀟洒《しょうしゃ》な建物が現れた。村役場である。坂の右手には「なんもくふれあいテレビ」の建物が立っていた。山が近くまで迫っていて、平地が少ないことをヒシヒシと感じる。役場の中に入ってみると、閑散としていた。

「みんなが強い危機感を持つようになりました。何とかしなければ、何か行動しなければ、となっています」

こう語るのは、南牧村の茂木毅恒・村づくり雇用推進課長。

厳しい現実と絶望的な未来予想を前にして、すっかり意気消沈しているかと思ったら、そうでもなかった。消滅可能性自治体ナンバーワンという発表が、村の活性化にとっては大きな刺激となっているという。また、村が進めている取り組みにそれなりの手応えを感じているようだった。

村の中には、より前向きに捉えている人もいた。

村議会議員の茂木栄一さんは「私は逆によかったと思います。年配者の中にあきらめ感がないわけではありませんが、全国から注目されるようになりましたので、逆に今がチャンスだと思います。村のいろんな取り組みが注目され、やる気が出てくる、いや、やらざるを得ないでしょう。何もしなかったとなれば、それこそ村の責任となります」と、村の活性化への強い決意と意欲を示すのだった。

茂木村議は奈良県川上村を視察し、その意をさらに強めたという。川上村は人口減少率八九％で、南牧村に次いで消滅する可能性の高い自治体である。ところが、世間の注目はワーストワンの南牧村にばかり集中し、川上村は全国的に取りあげられなかったという。南牧村は羨ましがられたそうだ。

南牧村は昭和の大合併で誕生した。一九五五年に磐戸《いわど》村と月形村、それに尾沢村の三村が対等合併し、産声をあげた。当時の人口は一万八九二人で、一九〇〇余りの世帯数を誇った。しかしその後、急速に村の過疎化が進み、二〇一五年六月末時点の人口は二一五八人。人口のピークは自治体誕生直後であり、以来、坂道を転がり続け、六〇年間で八〇%以上も減少してしまったのである。

はたして南牧村は、どのような歩みを続けてきたのだろうか。

蒟蒻《こんにやく》、養蚕……基幹産業の衰退

南牧村は標高八〇〇メートルから一四〇〇メートル前後の山々に囲まれた、典型的な山村である。総面積の七割余が山林・原野で、集落は村の中央を流れる南牧川とその支流に沿って形成されている。集落数は六〇にのぼり、一二の地区に分けられる。西は長野県、

山々に囲まれた南牧村

北は下仁田町、南は御巣鷹山《おすたかやま》で知られる上野村と接する。村域は東西一六・五キロ、南北九・二キロで鯛《たい》のような形をしている。

南牧村は戦国時代から上州（群馬）と武州（埼玉）、信州（長野）、甲州（山梨）を結ぶ通行拠点で、行商人や旅人が行き交うにぎやかな地であった。各地を結ぶ大事な道筋であり、便利な抜け道でもあった。人とモノ、カネが行き交う重要な拠点で、かつては博打場まであったという。江戸時代は旗本や幕府の支配下となり、さらににぎわいを増した。山の資源に恵まれ、豊かで歴史と伝統文化に富んだ地域である。

なかでも村の砥沢地区から産出された砥《と》

石《いし》は、徳川幕府の「御用砥」となった。採掘された砥石は、下仁田、富岡、藤岡、本庄を経由して江戸へと運ばれた。その中継点として富岡新田が開拓され、のちにそこが富岡製糸場になったのである。

一八七二年に富岡製糸場が設立され、養蚕が地域の主産業の一つとなった。そして南牧は採石（砥石と椚石《くぬぎいし》）や和紙、林業、蒟蒻と多種多様な特産品を持つ豊かな地域となった。一八九七年に高崎と下仁田を結ぶ上野《こうずけ》鉄道が開通し、一九二一年に上信電気鉄道と改名された。鉄路を下仁田から南牧に延伸し、さらに峠を抜けて今の長野県佐久穂町《さくほまち》の羽黒下まで結ぶ計画が立てられたため、上州と信州をつなぐ「上信」電鉄と命名されたのである。南牧はそれほど経済的に重要な地域となっていた。しかしその後、上信電鉄の延伸計画は頓挫《とんざ》してしまい、電車が下仁田駅の先を走ることはなかった。

ところで、明治中期以降に重要な産品に急成長したのが、南牧が発祥の地とまで言われる蒟蒻だった。急傾斜で水はけのよい地形が蒟蒻栽培に適していたからだ。

当時、蒟蒻は病気に弱く、栽培しにくい貴重な作物だった。そのため、南牧のような特別な山地でしか栽培できず、独壇場となった。南牧産の蒟蒻は高値で取引され、トラック一台分で何百万円にもなったという。それで「灰色のダイヤモンド」とまで呼ばれた。蒟蒻の段々畑が山の上までつくられ、その光景は「天まで続く蒟蒻畑」と言われるほどだった。蒟蒻畑が五反もあれば、一〇人家族でも豊かな生活を送ることができたそうだ。

ところが、戦後の高度経済成長期に品種改良や農薬、農機具の開発などが進み、蒟蒻栽培を取り巻く状況が一変する。平地での機械耕作が可能となり、南牧産は急速に競争力を失っていった。急傾斜に石垣を積み上げ、猫の額ほどの段々畑で蒟蒻を手づくり栽培する手法では、とうてい太刀打《たちう》ちできなくなってしまったのである。最大の強みだった南牧の特性が、逆に大きなハンディに変わってしまったのである。

だが、「灰色のダイヤモンド」で富を手に入れた昔の味がどうにも忘れられない農家が多く、蒟蒻以外の産品への転換はなかなか進まなかった。蒟蒻づくりにこだわり続けた農家の多くは村外に農地を借り、そこで蒟蒻を「出耕作」したのである。

その頃、養蚕も勢いを失っていた。南牧村の養蚕は一九六二年前後がピークで、一九八〇年代に入ってからは海外からの輸入品に押しまくられ、急速に衰退していった。村から養蚕を行う農家が姿を消したのである。和紙はそれ以前に衰退しており、林業も木材価格の下落で成り立たなくなっていた。国策に従ってスギやヒノキを大量に植林したが、そのまま手入れされずに放置されている。

村の基幹産業が相次いで崩壊していった。このため村の住民は農業や林業に見切りをつけ、新たな仕事を求めて村外に転居していった。

こうして南牧村は一九六〇年代後半から急激な過疎化現象に見舞われるようになり、今もなおブレーキをかけることができずにいる。皮肉なことに、三村合併で南牧村が生まれた一九五五年前後が、村のいわば最盛期だったのである。

小学校は民俗資料館に変貌

「小中学校の同級生は八四人いました。校舎も二棟ありました」

懐かしそうにこう語るのは、南牧村羽沢地区に住む七〇代の男性だ。

男性が中学を卒業した頃、三村が合併して南牧村となった。中学校は当時、旧三村に一校ずつあり、男性は西部の旧尾沢村の小中学校に通ったという。たくさんの同級生に囲まれ、にぎやかな毎日だったと語る。すでに二校とも廃校となっているが、このうち旧尾沢小学校は南牧村民俗資料館として活用されている。

旧尾沢小学校は明治初期の学制開始とともに創立された。学校の敷地は戦国時代の山城跡。江戸時代は武家屋敷だったという地域の中心部に建てられた。一九三〇年代後半から六〇年代前半には五〇〇人もの児童を抱えたが、過疎化とともに児童の数は減少し続けた。

一九八一年に、児童数の減少に歯止めをかける目的もあって校舎を新築した。ところが、児童の数は減る一方だった。とうとう九四年三月をもって閉校となり、村の中央部にある月形小学校と統合された。当時の児童数はわずか二四人だった。

尾沢小学校と月形小学校は統合により、新たに南牧小学校となった。この南牧小学校も、二〇〇二年に村の東部にある磐戸小学校と統合され、現在に至っている。今では旧尾沢村の地域では中学生が一人いるだけで、小学生はゼロだという。

ところで、廃校となった尾沢小学校は二年後の一九九六年に南牧村生涯学習センターとなった。村はその一部を民俗資料展示室とし、そこに生活用具や蒟蒻や養蚕、紙すき、砥石、製茶や山仕事といった生産生業の道具などを村中から集め、展示することにした。

過疎化の進行により、農山村特有の有形無形の文化も消滅しつつあった。村はそうした地域の文化遺産の保存と収蔵、展示に力を入れたのである。村人から寄せられた品は約四〇〇〇点にものぼり、このうち一〇三一点が二〇一二年三月に国の登録有形民俗文化財に指定された。

このため、村は展示室を南牧村民俗資料館と名称変更し、無料で一般公開している。訪れる人は少ないものの、展示品の価値は大きい。ひっそりとした民俗資料館の中をじっくり見学すると、かつての南牧村のにぎわいぶりが鮮明に浮かびあがってくるのである。

運動会は村民体育祭に

「私が去年（二〇一三年）給食センターでバイトしていたときは、小学校の全学年に子どもがいました。それが今年（二〇一四年）になったら（転校により）三年生がゼロになってしまいました。でも、南牧の子どもたちが可哀想《かわいそう》だという印象は感じられません」

こう語るのは、南牧村に農業移住してきた五十嵐亮さん（くわしくは後述）。

人口約三七〇万人の日本一の大都市・横浜市で育った五十嵐さんは、南牧村が日本一の少子高齢化自治体であることを、この地に居を構えるまで知らなかったという。

二〇一三年四月に転居してから九カ月間、五十嵐さんは村でただ一つの南牧小学校の給食センターでアルバイトした。村の子どもたちを間近で見ての感想を、こう漏らしたのである。

「子どもの数が少ないからこそ、一人一人としっかり向き合う教育がなされているように感じます。少ないからこそ特別な教育がうけられているのではないか、と思うのです。村の子どもたちは生き生きしていて、一人一人の眼差しがよいんです」

南牧村の小学生は全部で二七人(二〇一四年度)。学年別の内訳は、一年生二人、二年生六人、三年生ゼロ、四年生八人、五年生六人、それに六年生五人である。男子が一五人、女子は一二人となっている。また、中学生は全部で二〇人となっており、一年生八人、二年生四人、三年生八人。男女の比率は半々である。

子どもの数が極端に少ないことで、学校側が苦労するものの一つが運動会だ。競技や演目に参加する子どもの絶対数が少ないため、何らかの工夫をしないと、運動会はあっという間に終了してしまう。子どもたちも休む間もなく出番が回ってくるため、運動会を楽しむ余裕を持てなくなってしまうのだ。

そうした南牧村特有の事情により、南牧小学校の運動会は、二〇〇八年から村民参加型形式で催されるようになった。それには村の、のっぴきならぬ事情も加わっていた。

かつての村民体育祭の模様

「昔は村民体育祭で村中が盛りあがりました。地区対抗戦でしたので、どこも負けられないとそれは真剣でした。体育祭が近づくと、地区ごとに出場選手が集まって練習していました。綱引きの練習で勢い余って電柱を傾けさせてしまったなんてこともありました」

懐かしそうに語るのは、南牧村教育委員会の神戸広さん。

南牧村の恒例行事で村民を最も熱くさせたものが、毎年一〇月に開かれていた村民体育祭だった。一九六七年に始まった村の一大イベントで、幼児から高齢者まであらゆる年齢層の村民が一堂に会した。小学生や中学生も参加し、消防団や、老人クラブ、村会議員も加わった。

村民体育祭では様々な競技や演技、出し物が行われた。仮装行列や俵担ぎ競争といったものもあった。また、特別な趣向が凝らされていた。村内一五地区の対抗戦形式となっていたのである。各種の競技は地区の代表選手の戦いとされ、その成績が地区の得点としてカウントされ、総合得点で一五地区の順位を決める仕組みになっていた。ちなみに、優勝した地区には賞品として日本酒五升などが贈られた。こうしたことにより、毎年、会場に数百人もの村民が詰めかける大運動会となった。各地区が対抗心を燃やして熱戦を繰り広げたのである。

ところが、一九七〇年代後半から出場選手のやりくりに苦労する地区が現れた。住民の転出が続き、その上、少子高齢化が進み出した地区である。たとえば、年代別リレーのチームがどうしても編成できず、競技そのものに加われないといった事例が目立つようになった。

村の中でも過疎化の進む地区では選手集めができず、参加を断念せざるを得ない競技が増えていったのである。そして、とうとう体育祭そのものへの参加も無理だという状況になっていった。地区対抗への参加を断念するところが一つ生まれ、さらに一つ、そしてまた一つ……。かつてのような地区対抗戦はもはや限界だ、という声が広がっていった。

南牧村は苦渋の決断を下さざるを得なくなった。四〇年続いた村民体育祭を、二〇〇七年秋を最後に終了することにした。ところが、さらなる不運が村を襲った。最後の村民体育祭の直前に台風が接近し、開催中止を余儀なくされたのである。村民の誰もが落胆し、断ち切れぬ未練を心に深く残すことになった。

事実上の最後の南牧村体育祭となった二〇〇六年一〇月一五日のプログラムをざっと紹介したい。体育祭は午前八時三〇分から午後三時二〇分までで、会場は役場向かいの大日向山村広場だ。プログラムは入場行進から閉会式までの二九で、地区対抗戦が一四競技となっている。「男女混合ゲートボールリレー」「男女混合タイヤころがし」「ねこの大玉運びリレー」「男女混合綱引き」「玉入れ」などである。

他に南牧中学生（四〇人）によるものが「障害物競争」と「竹競馬リレー」の二つで、南牧小学生によるものが「アララのじゅもん」と「八木節」のダンス。さらに保育園児（三七人）による出し物が一つあった。

これらの他に消防団員（五〇人）による「バケツ消火リレー」や商工会女性部（二五人）による踊り「こんにゃく小唄・東京音頭」などが盛り込まれていた。

プログラムを見ているだけで、歓声や笑い声、どよめきといったものが山々にこだまして聞こえてくるような気持ちになる。

毎年、熱戦が繰り広げられた村民体育祭がなくなり、村民の多くはがっくりと肩を落とした。秋が近付くにつれ、村内に復活を懇願する声が広がっていった。それは役場や議会の中も同様だった。しかし、人口減少により幕を下ろさざるを得なくなった村民体育祭を復活させることは、不可能だった。何かよい手はないかと、村は知恵を絞った。そして、あることを思いついたのだ。南牧小学校の運動会を村民参加型にして、村民体育祭に代わるものとして行うというアイデアだ。児童数が少なく競技や演技のやりくりに苦労していた小学校にとっても、願ってもない話だった。こうして二〇〇八年から南牧小学校の運動会は村民参加型で開催されるようになった。

二〇一四年九月七日、南牧小で村民参加型運動会が開かれた。

参加したのは、児童の他に保護者や保育園児、中学生や消防団員、老人クラブ員や村会議員や村長など百数十人にのぼり、村の人口の五％以上にも及んだ。小学生だけが参加する徒競走などの他に、綱引きやリレー、玉入れなど様々な競技が行われた。広い校庭が老若男女の歓声で包まれたのである。

こうした環境下で育てられている南牧村の子どもの姿を見て、移住者の五十嵐さんは「村の子どもたちは生き生きしています。一人一人の眼差しがよいんです」と感想を語ったのである。

【成果なき活性化策】

サービスあれども雇用なし

一九五五年の三村合併で生まれた南牧村の人口は、減少を続けた。特に七〇年の国勢調査以降は常に二ケタ台の減少率を記録し、七一年に過疎地域の指定を受けることになった。その後の村の歩みは、人口流出との果てなき戦いの歴史と言ってよい。地域の活性化を図るべく、様々な施策を展開させてきた。

まずは道路整備だった。都市部（富岡市など）に通勤しやすくし、若者の村外への流出を防ごうと考えたのである。水道や水洗トイレの整備にも力を入れた。都市部と同様の情報を得られるように、ケーブルテレビを開局した。村が運営する「なんもくふれあいテレビ」である。さらに、ケーブルテレビ局を利用して住民がインターネットを利用できる環境を整えた。

また、子どもを地元で安心して育てられるように行政サービスを充実させた。学校給食費や保育料の無料化、中学生までの医療費無料化、スクールバスの運行や高校生の通学費や入学支援金補助、奨学資金貸付、さらには村内バスの休日無料パスポート（小中学生）などだ。メニューには、結婚祝い金（三万円）や出産祝い金（五万円で、第二子以降は一〇万円）も用意された。

住民の「足」を確保する施策として、乗り合いバス（ふるさとバス）や乗り合いタクシーの運行に対する補助や直営による乗り合いタクシーの運行を実施し、村内各地区から下仁田駅へのアクセスを確保した。七五歳以上はバス代を無料にした。

村の担当者は「やれることは全てやっている。子育てする環境としては最高だと思います」と語る。

さらに、村外からの転入を促す施策も掲げられた。定住促進奨励金制度である。村に定住するために住宅を新築、増改築した場合、最高で五〇万円を村が支給するというものだ。資格要件は三つ。一つ目は、南牧村に住所を有し、現に居住している者。二つ目は、奨励金の支給を受けた後、引き続き一〇年以上南牧村で生活できる者。そして、最後は専用住宅（併用住宅を含む）であること。

しかし、こうした村の「至れり尽くせり」のサービスも、よい結果を生み出せなかった。村内にこれといった雇用の場がなかったからだ。

村に転入する人はいっこうに現れず、逆に、職を求めて富岡や高崎といった村外に転居してしまう若者が後を絶たなかった。村内は年金で暮らす高齢者の姿ばかり目立つようになっていった。

もちろん、南牧村が企業誘致に力を入れた時期もあった。実際に成功し、工場が進出してきたこともあったが、撤退という憂き目にあってしまった。

なにしろ山間部の川沿いにへばりつくように集落が点在する地域である。平地が少なく、広い工場用地はもとより駐車場スペースの確保にも苦労するような場所だ。グローバルに活動する大企業が食指を動かすような環境条件ではなかった。地域の特性が企業誘致のハンディとなっていたのである。

歳入の六割以上を地方交付税に依存

南牧村のような過疎自治体の中には、生き残りをかけて市町村合併になだれ込んだところも少なくない。いわゆる「平成の大合併」である。実際、南牧村の周辺でも合併構想が浮上した。群馬県甘楽《かんら》郡内の三町一村と富岡市との広域合併である。

だが、五市町村での合併協議はうまく進まず、富岡市と妙義町《みょうぎまち》の一市一町での合併となった。広域合併した高崎市と隣接することになった甘楽町《かんらまち》は単独を選択し、下仁田町と南牧村だけがとり残された。一町一村での合併も模索され、南牧村は住民アンケートを実施した。

村に住む高齢者から「我々が生きている間はそっとしておいてもらいたい」といった声が多く寄せられ、「貧乏な町と貧乏な村が合併しても……」といった否定的な意見が主流となった。

南牧村の場合、どのような合併の枠組みになっても、中心部から遠く離れた周縁部となってしまうため、住民は「合併することで、かえって地域の衰退に拍車がかかってしまうのではないか」と危惧《きぐ》したものと思われる。

こうして南牧村は単独路線を進むことになったが、それは合併に後ろ向きな村民の意向を受けてのもので、積極的な選択ではなかった。単独で生き抜くために行財政改革を徹底する、といった覚悟を持ったうえでの決定とはいえなかった。

南牧村の予算規模は二一億円前後で、財政の悪化度を判断する各指標はいずれも基準を下回っている。財政状況は健全である。

しかし、南牧村の財政構造には大きな弱点があった。村税収入がきわめて少ない点である。二億円を下回っており、しかも減少傾向にある。このため財政力指数は〇・一五（二〇一二年度決算、以下同）しかない。村の借金残高は二〇億三一四四万円（一般会計ベース。以下同）で、基金は七億二五六九万円となっている。自主財源が乏しく、歳入の六割以上を地方交付税に依存する脆弱な体質なのである。

歳出で最も多い項目は約五億三八一二万円の人件費で、全体の四分の一以上を占める。村の一般職員は五五人（二〇一二年度末時点）にのぼる。役場は、村で一番大きくて安定した職場となっている。

もっとも、役場職員の中には村外に転居し、そこから村役場に通勤する人も少なくないという。南牧村のある役場関係者は「(村外に住む職員は)ふたケタはいる」と打ち明けた。

ところで、南牧村は二〇一四年一〇月から役場組織を大きく改編した。四つの課を七つにわけ、それらを三つの部に再編して部課制にしたのである。これにより、新たに三人の部長が誕生し、課長の数も増えた。

「行政改革の一環として、事務効率の向上、及び、よりわかりやすい組織にすることを目的にした」とのことだが、はたしてどうだろうか。ちなみに南牧村役場が組織改編した時点での職員数は、正規と非正規、他への派遣も含めると総勢で七一人にのぼる。

一方、村の議会も大きな課題を抱えている。南牧村議会の定数は一〇人で、議員報酬は月額二〇万円。日本一の高齢化の村とあって村議の顔ぶれも高齢者ばかりとなっており、平均年齢は六九・八歳(二〇一五年六月時点)。なんと議員の半数が七五歳以上の後期高齢者である。そのうえ、二〇一一年九月の村議選は立候補者が定数を上回らず無投票となっており、二〇一五年九月予定の村議選も無投票になるかもしれないと懸念されている。

議員の成り手不足が深刻化し、議会の存立そのものが危うくなっているのである。

【古民家バンク】

きっかけは酒席から

「村の小学生は今（二〇一四年）、全部で二七人しかいませんが、私が小学生のときは一クラスに四四人いました。同級生の中で今も村にいるのは、男性二人に女性が五人かな……」

こう語るのは、「南牧山村ぐらし支援協議会」の金田鎮之代表だ。

金田さんは一九七一年生まれ。南牧村が過疎地に指定されたその年に、村の老舗《しにせ》和菓子店に生まれた。村外に出て和菓子職人の修業をし、二三歳のときに実家に戻った。

南牧産の炭を活用した「炭まんじゅう」や「炭ラーメン」といった特産品を開発するなど、アイデア経営者として知られている。明治一〇年（一八七七年）創業の店は県道沿いにあり、金田さんが子どもの頃は市がたつなどにぎやかな商店街を形成していた。

しかし、村や商店街は寂れる一方だった。

危機感を募らせた金田さんは、村の商工会青年部の仲間たちと「明日の南牧を創る会」（以下「創る会」）を結成した。二〇一〇年二月のことだ。

「もやもやしたものがあったんです。もっと村にこうしてもらいたいとか、こうしたらいいんじゃないかといった思いがありました。仲間と酒を飲みながら、いつも村のこと、村の未来のことを『ああだこうだ』と言い合っていました」

こう振り返るのは、村でプロパンガス販売業を営む石井裕幸さん。「創る会」を組織した商工会青年部のリーダーで、「創る会」の初代会長を務めた。一九七八年生まれである。

石井さんはその日も三、四人の仲間たちと村の将来について語り合っていた。場所は村内の飲み屋。たまたま顔見知り（小さな村なのでほとんどがそうだが）の役場職員が店内にいたので、声をかけて意見を聞いてみた。酒が入っていたこともあり、「役場は何やっているんだ」といった詰問風になっていたようだ。

議論が始まり、相手となった役場職員が核心を突く言葉を放った。「飲んで騒いでいるだけでは何にもならないだろう。皆で集まって何か行動してみたらどうか」と突き放したのである。この言葉が石井さんらをいたく刺激したという。

その場で「やるべ！」となったという。

「まあ、売り言葉に買い言葉みたいなものでした」と石井さんは内情を明かしてくれた。飲み屋で偶然、出くわして石井さんらと議論することになった村の職員というのが、前出の茂木毅恒さんだ。茂木さんはその後、村の村づくり雇用推進課長に就任した。

空き家対策で村の活性化を

石井さんらはさっそく、商工会青年部の仲間を集めて「創る会」を立ちあげた。村内で奮闘する三〇代、四〇代の若手自営業者など十数人で、職種は建築や設計、理髪や和菓子、板金、食堂などと幅広かった。皆、村の実情を熟知し、その将来に不安を抱いていた。

「創る会」は村のイベントに模擬店を出すといった活動を始めた。ちょうどその頃、村の駐在所が統廃合されるという話が伝わってきたため、撤回を求める署名活動に乗り出した。短期間で四六〇世帯ほどの署名を集め、いつしか駐在所の統廃合話は消えていった。

会に加わる人が増え、メンバーは三〇人を超えるようになった。「創る会」は、南牧村のゆるキャラづくりや、村内に開設された道の駅「オアシスなんもく」の盛り上げにも力を入れた。

そんな村おこし活動を展開していた「創る会」に、村からある話が持ちかけられた。それは、群馬県が地域活性化の活動をしている団体に交付金を出す独自策を始めるというものだった。交付金額は二〇万円と少額だが、「創る会」のメンバーは手をあげることにした。

交付金の対象になるには、活動内容が明確でなければならない。会のメンバーは村の職員とともに話し合い、村のそこかしこに存在する空き家に焦点を絞ることにした。空き家を活用することで、移住者を呼び寄せられないかと考えたからだ。

実は、南牧村に村外から転居する人がポツリポツリと現れていた。年金暮らしや自由業、自営業といった人たちが暮らしやすさを求め、南牧村にやってきていたのである。いわゆるIターンである。彼らはいろいろなツテを頼って村内の空き家を借り、そこに居を構えていた。何しろ、村に空き家となっている立派な民家はふんだんにある。

こうした事例を知っていた村の青年たちは、村の活性化策として空き家対策に取り組むことにした。そして、地域活性化活動に特化した新たな組織をつくるべきだとなり、「南牧山村ぐらし協議会」（以下「協議会」）を二〇一〇年一二月に結成した。「創る会」の石井会長がそのまま協議会の初代会長についた。会は南牧村にIターンしてきた人たちにも声をかけ、メンバーに加わってもらった。また、協議会の母体となった「創る会」の活動も継続することになった。

空き家調査で地域資源を再発見

協議会のメンバーは、二〇一一年二月から空き家調査に乗り出した。約七カ月間かけて村の隅々を回り、全民家一七五八戸を調査した。そして、村内に三六八戸もの空き家があることを突き止め、村のケーブルテレビの番組「なんもくＴＶ瓦版」で調査結果を報告した。

その後、内部調査が可能な物件を対象に、間取りや家の状態を調べあげた。

その結果、一〇〇戸が入居可能な空き家と判断された。「協議会」のメンバーはそれぞれの空き家の所有者を探し出し、空き家を移住者用として貸し出してくれないかとお願いして回ったのである。一軒ごとの間取りや家屋の状態を記録したデータベースをつくり、賃貸や売却できる物件を「古民家バンク」として登録し、村のホームページ上に公開した。

しかし、村を離れている所有者の承諾を得るのは容易ではなかった。

「盆、暮れに帰郷するので他人に貸すわけにはいかない」「定年退職後に田舎に戻るので、貸せない」「誰も住んではいないが、家には仏壇や遺影が置いてある」などと、首を横にふる人ばかりだった。

なかには所有者本人が「古民家バンク」への登録を承諾しても、周りの人が猛烈に反対して立ち消えとなるケースもあった。空き家となった実家を見知らぬ他人に貸し出すことは、ふるさとそのものを失うことにつながると感じる人が少なくなかったのである。

村の人たちは当初、石井さんらの活動を訝《いぶか》しげに見ていたようだ。

「若い衆はいったい何やってんだ、という感じで見ていたようです。知らない人をどんどん村に移住させるのか、と不安に思ってもいたみたいです」と石井さんは振り返る。そして「今は理解してもらっていると思います」と語るのだった。

若者たちの地域再生への熱意が伝わるようになり、空き家を賃貸してもよいという人がポツリポツリと現れるようになった。そして、一三戸の空き家がバンクに登録されることになった。

空き家調査で村内を回った協議会の二代目会長の金田さんは「時代劇に出てくるような立派な構えの空き家もありました。商売をやるには最適だな、と思うような空き家もありました。その家に人が住んでいたときのことを記憶しているような空き家もありまして、また人が戻ってくれればよいのにと思いました」と、しみじみと語った。

かつて養蚕や蒟蒻で栄えた南牧村では、二階に広い作業場を設けていた民家が多く、家の間取りは広々としていた。村の集落の中には、そうした大きな民家が街道沿いに軒を連ね、昔ながらの景観を保っているところもあった。

村内を隈なく歩いた協議会メンバーが探し当てたのは、利用可能な古民家だけではなかったのである。村の歴史や文化、自然、景観、そして先人が大事にしてきた諸々の地域資源なども再発見することになったのだ。

三年間で一四世帯二六人が村に転入

「協議会」は翌二〇一二年も空き家調査を引き続き実施し、五月には「なんもく山村ぐらし通信」を創刊した。移住者相談会も開催した。

「なんもく山村ぐらし通信」はその後も年四回のペースで発行されており、現在は村内全戸に配布されている。移住者の紹介などいろんな村の生の情報が盛り込まれており、読みごたえ満点だ。行政が出す広報誌とはひと味違って、村に住む一人一人の姿が生き生きと記されている。

こうした協議会メンバーの活動に、村も全面協力している。固定資産税の納入通知書に古民家バンクへの登録のお願いを添付したり、広報誌で協力を呼び掛けたりした。

さらに、南牧村は二〇一二年一〇月から「なんもく暮らし体験民家」事業というものを始めた。これは、村が田舎暮らしを体験するための古民家を一カ月三万円（光熱水費を含む）で貸し出すというものだ。利用は最長二カ月までとなっている。

南牧村が用意した体験民家は、役場から歩いて五分の南牧川左岸にある。木造二階建ての古民家を改修したもので、広さは４ＬＤＫ（一五八・七平方メートル）。家具や家電製品は備えつけで、寝具や洗面具などを用意するだけで生活できる。

体験民家の利用対象者は「村への定住を希望し、地域住民と円滑に交流できる方」に限定されている。体験民家には、滞在中に希望すれば定住相談にも応じるという。もちろん、協議会メンバーも移住へのサポートをしてくれる。

南牧村での暮らしを実際に体験してもらい、移住につなげたいという作戦である。村内に雇用の場がほとんどないので、村は定年後に田舎暮らしを考えている人たちを想定している。実際、体験民家の利用者はそうした人たちが多い。

こういった南牧村の住民と行政による移住者誘致の地道な取り組みが、新たな動きを生み出している。この三年間で「古民家バンク」を利用して一四世帯二六人が村に転入してきた。また、村が用意した体験民家を利用し、その後、実際に村への移住を決めた人も現れ始めた。

もちろん、こうしたルート以外での移住者もいる。転出者や亡くなる方がいるので村の人口は減り続けているが、移住者は確実に増えている。

南牧山村ぐらし支援協議会の金田会長は「空き家だった家に夜、明かりがついているとそれだけでうれしくなります」と語るのだった。そして「（移住推進のために）おカネを出す制度はきっかけとして必要だと思いますが、カンフル剤でしかないと思います。根っこの部分で（南牧村のことを）気に入ってもらう、好きになってもらうことがなによりも重要だと思います」と力説する。

また、協議会と「創る会」の初代会長を務めた石井裕幸さんはこんなことを語ってくれた。「地域づくりは官と民が協力してやるのが、本当の姿だと思います。住民も役場にまかせておくというのではなくて、自分たちで動かないといけない。行政の方も住民と協力してやっていかないと、と考えていると思います」

実際のところ、南牧村は石井さんらが「創る会」を設立する前から、行政として空き家を活用した移住者誘致に乗り出していた。ところが、住民の協力が得られず悪戦苦闘を続けていた。村の最初の担当職員は、二〇一二年末に総務課長で退職した長谷川最定さんだった。現在（二〇一五年）の南牧村の村長である。長谷川村長は当時をこう振り返る。

「職員のとき、空き家対策の最初の担当者となり、一〇年くらいやりました。この事業を村が始めた頃はなかなか住民の協力を得られませんでした。『知らない人が来るのは困るのでやめてくれ』という声がとにかく多かった。村外にいる大家さんが了解してくれても、近所の人たちが大家さんに『貸すのはやめてくれ』と電話して、ダメになったケースもたくさんありました。それが、村の青年たちが動くようになって、近所の人たちも協力してくれるようになりました。こういうことは役場だけでやってもダメですね」

長谷川村長によると、最初の頃、空き家に移住してくるのはほとんどがお年寄りで、若い人は一〇軒に一軒くらいだったという。それが最近は若い人が増えて、一〇軒のうち三、四軒という感じになっている。だがそれは村が若い人向けに何か特別な政策をとっているからではなく、若者の間に田園回帰のような傾向があるからだという。カネを稼ぐだけが人生ではない、そんなにカネが稼げなくても安全なものをつくって食べていくほうがずっとよい、そんな風に考える若い人が増えているという。

もっとも、リタイア組の移住者は年金や貯蓄があるので、空き家を改修する余裕があるが、カネのない若者たちはなかなか改修できないのが実情である。長谷川村長は「村が支援できないかと考えている」と語る。空き家を村が買いあげて、汲み取り式のボットン便所などを改修し、それを移住希望の若者たちに貸し出すという構想だ。二〇一四年度の一二月補正で初めて、古民家二戸を買いあげるための予算をつけた。

移住者向けの村営住宅を新たに建てるとなると、平地がないので造成しなければならず、戸建てを一軒建てるには二〇〇〇万円ほどかかってしまうそうだ。なので、村内に多数ある空き家を活用したほうがより合理的だと長谷川村長は力説する。

「（空き家を活用した移住者誘致は）貸し手があって成り立つ事業です。知らない人には貸したくないという住民がいて、なかなか協力を得られません。でも、（村などに）売るのは構わないという人もいるんです」と、古民家の買いあげ改修、移住者向け貸し出し事業の必要性を訴える。

南牧村は二〇一五年度に古民家二戸を借りあげ、前年度に買いあげた二戸と村所有の一戸の合計五戸を改修して移住者に貸し出す予定だ。改修費は約一七五〇万円で、すでに三世帯七人の転入が決まっているという。村外からの新たな移住者で、このうち二人が三〇代である。

【移住者たち】

新旧の住民が一堂に会す

「移住してきた人も協議会のメンバーに加わり、一緒に活動しています。外からの人が加わり、本当に助かっています。発想や捉え方が違うので、とても刺激になります。異業種の人たちと話すのと同じです。知り合いをつくる機会が少ないので、交流会は本当に有意義でした」

こう語るのは、「南牧山村ぐらし支援協議会」の金田鎮之会長。

「協議会」が作成した「古民家バンク」を利用して村に移住したのは、前述したように、一四世帯二六人。この他に「協議会」が発足する以前からの移住者や独自のルートで転入してきた人もいる。

二〇一四年一月下旬の日曜日に、「協議会」が移住者たちとの交流会を開催した。村の新旧の住民が一堂に会すのは、初めてのことだった。

会場は役場近くにある民宿。協議会メンバー約二〇人と移住者一〇人の計三〇人が集まった。村の一％以上の住民が参集した勘定になる。

二間続きの和室は人でいっぱいとなり、交流会は大いに盛りあがった。元々の住民と移住者が膝《ひざ》を交え、酒を酌み交わし、語り合ったのである。

「なんもく山村ぐらし通信」（二〇一四年二月号）は初めての交流会の模様を取りあげ、「お互いが五分五分に近い関係で理解し合えることができれば、永くこの地に根付いていただける方が増えてくれるのかもしれません」と指摘した。そして、「今回の交流の場を、移住者の方が思いのほか楽しみにして頂いていたことを知り、今後もこのような機会を設け、この村にとって良い流れになれるようにしてゆきたい」と綴《つづ》っていた。

「ここなら自分がやりたい農業ができる」

南牧村への移住者の中には、三〇代や四〇代の働き盛り世代も少なくない。

なかには農業を志して転居してきた人もいる。その一人が、二〇一三年四月に単身で南牧村の古民家に移り住んだ五十嵐亮さんである。

横浜出身で一九八〇年三月生まれの五十嵐さんは、移住時、三三歳。農業とは無縁の家庭に生まれ育った五十嵐さんは輸入雑貨を扱う会社に勤めていたが、農業への思いを断ち切れず二九歳のときに会社を退職した。そして、二〇〇九年三月から日本中を自転車で旅しながら、各地の農家に住み込んで農業を学ぶという生活を始めた。

最初は横浜から夜行バスに乗り、香川県高松市に向かった。着替えと作業着、長靴などを携えての旅立ちで、一〇人ほどの友人が見送りに来てくれた。当初は一年間のつもりで、まずは香川県観音寺《かんおんじ》市の野菜農家に住み込んだ。そこで四カ月ほど働いた五十嵐さんは自転車を購入し、日本一周することを決意した。

ペダルを漕いで徳島、高知、愛媛と移動した。そして、フェリーで大分に渡ると、そのまま南下。奄美《あまみ》大島、沖縄と転々とした後、沖永良部《おきのえらぶ》島の花卉《かき》栽培で半年ほど働いた。

受け入れ農家でボランティア・アルバイトをしては、一カ月かけて移動するというパターンだった。山形ではサクランボ農家にお世話になり、北海道では有機農業を学んだ。その後、埼玉と愛媛の農家に住み込み、西表《いりおもて》島ではスーパーでアルバイトしながら荒れた畑の再生に汗を流した。

日本各地を巡りながらの農業研修の終盤は、静岡のレタス農家だった。その頃には五十嵐さんの「環境循環型農業をやりたい」という思いは決意に変わっていた。自らの手で農園を開きたいと思いを募らせていたのである。

五十嵐さんは、自分が理想とする農業ができるような場所を探し始めた。そんな時に南牧村の「古民家バンク」と遭遇し、村に問い合わせの電話を入れたのだった。古民家の裏に畑があると聞き、静岡からバスで南牧村へ向かった。

五十嵐さんはそれまでも物件探しはしていたが、実際に現地に行って調べようとしたのは初めてだった。当時、南牧村については何も知らなかった。

役場職員に古民家を案内してもらった五十嵐さんは、一目で気に入ってしまった。その場で南牧村への移住を決断したのである。

築一〇〇年ほどで一〇年以上も空き家となっている物件だったが、家賃は畑込みで年間三万五〇〇〇円。家の裏にある畑が傾斜地になっているとは思わなかったが、「ここ（南牧村）なら自分がやりたい農業ができる」と確信したという。

水がきれいなこと。山が近いこと。落ち葉や枝といった肥料となる環境資材が豊富なこと。そして、周辺に農薬を使う農家が存在しないことなどがその理由となった。

五十嵐さんはその場で民家の所有者に電話をかけ、賃借したい旨を伝えた。東京在住の大家さんから条件を二つ、言い渡された。

一つは、きちんと近所づきあいすること。

そして、地域の伝統行事に必ず参加すること。それは「大日向《おおひなた》の火とぼし」と呼ばれる、戦国時代から続く地域の伝統行事だった。時の領主に反抗して甲州の武田勢に加勢した村人らが、勝利したよろこびを「火祭り」の形で伝えたのが始まりとされている。かつては村のいくつかの集落で行われていたが、今は大日向地区のみ。国の選択無形民俗文化財に指定されている。

もともと人づきあいが好きな五十嵐さんは、大家さんの注文を二つ返事で快諾した。そして、いったん静岡のレタス農家に戻ったのである。

静岡での仕事を三月末で切りあげた五十嵐さんは、横浜の実家に戻って家財道具などをレンタカーに積み込み、南牧村に引っ越してきた。所持金は二〇万円ほどだった。二〇一三年四月一日のことだ。北海道でお世話になった農家から「就農祝い」としてコメ三〇キロが送られてきた。

ヤギが結んだ絆《きずな》

南牧村での新生活は、荒れ果てていた家の修理と片付けから始まった。一人で住むには広すぎるほどの間取りだった。居間に残されていた大きな仏壇はそのままにした。中は空っぽだった。裏の段々畑も荒れ放題で、樹木が生えていた。まるで林のようだった。

五十嵐さんは一人で黙々と作業を続けた。

そして、大家さんとの約束をきちんと守り、近所への挨拶《あいさつ》回りを行った。村の人たちは皆、若い新参者を気遣ってくれた。なかでも、近くのお寺の住職が農業にかける五十嵐さんの思いをしっかり受け止めてくれた。村の専業農家を紹介してくれるなど、何かと応援してくれたのである。

五〇〇年の歴史を持つその寺の住職は、二〇一二年末に村の総務課長を最後に退職し、その後（二〇一四年五月から）村長になった長谷川最定さんだった。

横浜から移住した五十嵐亮さん

五十嵐さんは、長谷川住職からある人物を紹介してもらった。南牧村の星尾地区で農園を営む伊藤新一さんだ。

実は、伊藤さんも埼玉県からの移住者で、五〇代で南牧村に移住してから農業に打ち込むようになった新規就農者だった。ブルーベリーや花卉、ズッキーニ、インゲンなどを栽培し、スーパーや直売所に出荷している。その農業経営の手腕を見込まれ、移住者ながら村の農業委員となっている。五十嵐さんとは親子ほどの年齢差があった。

南牧村で環境循環型の農業を手掛けたいという青年に、若き日の自分の姿を見る思いがしたのだろうか。伊藤さんは農業資材の融通や畑の貸し付けなど、五十嵐さんへの協力を惜しまなかったのである。

全国各地の農家で働きながら農業研修を重ねてきた五十嵐さんは、すでに独自の人脈を築きあげていた。

埼玉県の農家で働いたことがあり、そこではヤギを飼っていた。五十嵐さんはその農家からヤギ六頭（オス一頭、メス五頭）をもらいうけ、家で飼うことにした。ヤギは乳がとれ、くさくない糞《ふん》は堆肥となる。その旺盛《おうせい》な食欲は除草に役立つなど利用価値が大きい。傾斜地を好む習性もあり、南牧村のような地域には最適な家畜であった。

実際、南牧村でも昔はヤギを飼う農家が多く、ヤギの乳で育った子どもまでいたという。

五十嵐さんはヤギ六頭のうち、四頭を日頃お世話になっている伊藤さんに譲った。このうちの一頭がさらに別の農家に譲り渡された。伊藤さん宅に残ったヤギはその後、子ヤギを五頭産み、そのなかの一頭がまた別の家にもらわれていった。一方、五十嵐さん宅のヤギも子ヤギを二頭、産んでいる。

南牧村生まれの子ヤギ七頭のうち二頭がすでに死んでしまったが、埼玉から南牧村にもらわれてきたヤギは、一年半ほどで一一頭に増えたのである。村の中でヤギの姿が目立つようになり、五十嵐さんの存在も瞬く間に村人の知るところとなった。

今、五十嵐さんと伊藤さんはヤギ乳でチーズをつくり、販売する計画を立てている。

若い移住者たちのネットワーク

五十嵐さんはこんな話をしてくれた。

横浜に住む父親が突然、南牧村の家を訪ねて来たことがあったそうだ。二〇一四年九月のことだった。携帯電話への連絡の意味がよくわからず、五十嵐さんは父親が南牧村までやってくるとは思ってもいなかった。驚く五十嵐さんに、父親は「仕事で近くまで来たので、ちょっと足を延ばしてみた」と言葉少なだった。

土地勘のない父親は下仁田から「ふるさとバス」に乗り、南牧村にやってきたのである。どこで下車したらよいかわからない父親が、バスの運転手に「息子が南牧村に移住して農業を始めました」と話しかけると、運転手さんは即座に「あー、ヤギを飼っている五十嵐さんね。頑張ってますよー。若い人が村に来てくれて、村も活気づいていいですよー」と明るく応えたそうだ。

そして、運転手は「この時間帯なら、この辺の畑にいるはずです」と、バス停のない畑の前にわざわざバスを止めてくれたという。

畑で汗だくになって農作業をしていた五十嵐さんは、突然現れた父親にびっくり仰天した。車で父親をいったん借家に送り届け、そこで待ってもらうことにした。

五十嵐さんの父親は「ふるさとバス」での出来事をうれしそうに語った翌日、横浜に帰っていったそうだ。こんなエピソードを披露してくれた五十嵐さんは「村のいろいろな人たちに気遣っていただいています」と感謝の言葉を繰り返すのだった。

五十嵐さんは現在、鶏（二七羽）やヤギを飼うほか、平地に近い畑を借りてネギ、大根、サツマイモといった野菜を無農薬でつくっている。それを知り合いの横浜の青果店や個人宅、生協などに販売し、さらには道の駅「オアシスなんもく」で直売している。

さらに、二〇一四年八月、かつての自分のような若者を受け入れる農家の認定をうけた。農作業を手伝う若者などに住まいと食事を提供する「WWOOF《ウーフ》」の認定農家となったのである。

五十嵐さんは「四年間の旅の中で知り合った人たちが、自分の宝となっています。自分が全国を旅してきたことの特徴をここで生かせたらいいなと思います」と語る。

　こうした南牧村の若い移住者たちのネットワークが、新たな人を呼び寄せることにつながりつつある。そして、外から移住してきた人同士や村の人たちとの交流も広がり、村内に活気が生まれているのである。

　南牧村の茂木毅恒・村づくり雇用推進課長は「小さいところなりのよさというものがあります。農業もここでしかできないものがきっとあるはずです。収入面では落ちても、カネではない別の付加価値があると思います。南牧に合った作物を研究したり、起業を考えたりしている人たちがいます。そういった新しい動きに対して、村としても全力で応援していきたい」と語る。

　強みだった地域の特性が、大きなハンディとなって久しい。しかし、ハンディでしかなかった地域特性を再度強みに転換することも、可能なのではないか。

　それには地域を熟知した人たちの知恵が必要だ。いや、地域に住む人たちの知恵次第と言ってよいだろう。机上で弾き出された将来予測を覆すことは、不可能ではない。

【元気な高齢者】

メディアの決めつけに憤慨する

「うちの地区では八〇歳代が働き盛りです。みなさん、年齢などすっかり忘れています。これほど元気な高齢者ばかりの村なんてどこにもないと思いますよ」

こう語るのは、前出の伊藤新一さん。一九四一年二月生まれの七四歳である。

一九九二年に埼玉県から南牧村に転居してきた伊藤さんは、移住者のいわば先駆け的な存在だ。現在は星尾地区で農園を営み、ブルーベリーや花卉などを栽培している。

伊藤さんはとても世話好きな人で、地域のお年寄りの買い出しや通院などに積極的に協力している。地元にしっかり溶け込んでおり、移住してわずか一〇年で地元の区長になったほどだ。現在は村の農業委員を務めており、五十嵐さんのような農業を志して南牧村に移住してきた若者のよき相談役となっている。

そんな伊藤さんは、マスコミの南牧村の取りあげ方にどうにも我慢ならないという。高齢化率などの数値だけを見て、安易に「悲惨な村だ」と決めつけているると憤慨するのである。南牧村が、まるで高齢者が取り残された未来のない村のように扱われているという。そうしたおざなりの報道ではなく、南牧村の住民の日常生活をしっかり見た上で報じてほしいと訴える。村人たちは困窮しているわけではなく、むしろ、生き生きと明るく生活している。伊藤さんはそう語るのである。

具体例としてあげたのが、二〇一四年二月の大雪のときのことだ。一一〇センチもの記録的な積雪となり、南牧村に通じる県道が通行不能になった。そこに停電も加わり、村全体が孤立してしまった。復旧作業が懸命に行われたが、地区によっては除雪がままならず、孤立状態が数日間に及んだところもあった。一人暮らしのお年寄りも多く、その安否が心配された。

幸い、大きな被害は生じなかった。村の年寄りの多くは普段から自分の畑で野菜などをつくっていて、それらを備蓄していたからだ。まきや灯油なども備蓄しており、しかも古い家はどこも頑丈だ。

また、隣近所の助け合いも大きな支えとなった。八〇歳代のある女性は「一週間や二週間、閉じ込められても死にはしない」と笑いながら応えたという。

むしろ大雪に泣いたのは、村の若い勤め人たちだった。

伊藤さん宅もビニールハウスがつぶれるといった被害を受けたが、それ以外はどうということもなかったという。確かに孤立はしたものの、食料や灯油などを備蓄していたので大丈夫だったと語り、「マスコミはたかが一日、二日のことを大げさに報道し、マイナスのイメージばかりを発信した」と嘆いていた。先入観にとらわれたメディアの見方はおかしいと指摘するのである。

こうした意見は、なにも伊藤さんだけではなかった。長谷川村長も「村には一人暮らしの高齢者世帯が三〇〇くらいあって、高齢者だけの世帯も四〇〇ほどあります。村の六割が高齢者のみの世帯ですが、お互いに助け合って明るく暮らしています。村が何か大変なことになっているわけではありません」と冷静に語る。そして、「私は（二〇一四年）五月に村長に就任しましたが、その前日に、支援していただいたみなさんから『村長として外で挨拶をするときに、今までのように〝高齢化日本一〟なんてことはもう言わないでくれ』と言われました。『それで困っているわけでもないし、もう聞き飽きた。明るく楽しい村の話題を話してくれ』と釘を刺されました」と明かした。
さらに、「南牧村は昔から高齢化率は高くて、全国で一三、一四番目でした。それが上位にいた自治体が皆、平成の大合併でなくなったため、うちの村が繰りあがって一位になったんです。どの自治体も、このまま人口減少が続いたら、将来はこうなるといった推計値を持っています。何もしなかったらそうなってしまうという数値です。ですから、(日本創成会議の推計値に)びっくりしたということはありません。ただ向こうのグループは学者さんなので、自治体の実名を公表し、『消滅』といった言葉まで使いました。村民の一人としていい感じはしませんね」と、胸の内を語るのだった。

「夫婦で五〇〇万円はいけますよ」

ところで、今ではすっかり南牧村に溶け込んだ伊藤さんだが、南牧村に惚れ込んで移住してきたわけではなかった。むしろ、ちょっとした巡り合わせの産物といった感があった。伊藤さんはご自身の生き方を「クラゲ人生」(自由気ままに流れに乗って生きる)と称しているが、まさにそんな感じだった。

広告宣伝関係の仕事をしていた伊藤さんは、どこかにログハウスを建てようと考えていた。たまたまある友人にその話をしたところ、南牧村にいた友人の知人から「見に来ませんか」と誘いの声がかかったという。

伊藤さんは軽い気持ちで南牧村に行ってみることにした。事前にあれこれ調べた上での訪問ではなかった。

案内されたのは、南牧村北西部の山あいにある星尾地区の古民家だった。空き家になって二十数年は経過していて、ひどい状態だった。壁はすっかり崩れ落ち、柱が残っているだけで、とても人が住めるような状態ではなかった。庭中に木が生えており、水道もなかった。しかも、案内役の人がぴったりと伊藤さんについて回り、それが嫌で嫌で仕方なかったと当時を振り返る。

それにもかかわらず、伊藤さんは南牧村の古民家を借りることにした。家の周辺が空いていて、「それがいいなと思った」からだという。家賃と地代は月一万円だった。

伊藤さんは当時住んでいた埼玉から通いながら、古民家を少しずつ修理していった。修理に一年ほどかかり、一九九二年に奥さんと二人で南牧村に移住した。

村外からの星尾への移住は、伊藤夫妻が二番目だった。当時の南牧村の人口は四三〇〇人台で、星尾地区には約二〇〇人が住んでいた。その頃はまだ地域に小学生もいたそうだ。

こうして伊藤さんは南牧村暮らしを始めたが、別に農業をやるつもりではなかった。奥さんが広い庭で趣味の山野草を育てていたところ、それが村の花卉農家の耳にでも入ったのか「花卉組合に入りませんか」とお誘いがかかったのである。伊藤さんはクラゲのように流れに身をまかせ、仲間に入れてもらうことにした。

当時、村の花卉組合は勢いを失っていて、わずか四世帯に減少していた。久々の新メンバー加入に先輩農家は大いによろこび、伊藤さんに花卉の栽培のノウハウなどを親切に教えてくれたのである。

ひょんなことから花卉組合に加入した伊藤さんは、地元の農家から、村が主催するブルーベリーの説明会への参加を持ち掛けられた。どうやら、村の特産品にできたらという思いがあったようだ。伊藤さんは何度か足を運んでみたが、これが意外な展開となった。

南牧村が群馬県に土壌調査を依頼したところ、ブルーベリーの栽培には不適な地域であるとの結論が示されたのである。それを聞き、伊藤さんは「それならば（農業を）やってみようか」と動き出した。持ち前のチャレンジ精神に火がついたのだ。その結果は、周囲の予想を大きく覆すものとなった。大吉と出たのである。

農業をやる計画を立てていたわけではない伊藤さんは、その分、自由な発想で農業に取り組むことができた。普通の農家が栽培するようなものには手を出さず、誰もつくっていないものをつくる。そして、気ままな性格を考慮してあまり手がかからないものをつくる。こんな二つの方針が自然に定まっていった。

伊藤さんは、普通の農家が扱わないような変わった野菜や花卉を探し、人脈を使って苗や種を入手した。ズッキーニやイタリアナスなどだ。ブルーベリーに取り組むようになったのも、やる人があまりいないと考えたからだ。花卉も、ヒペリカムや姫ひまわりといった珍しいものばかり約四〇種類を栽培している。

「種をまけば、芽が出るだろうと思ってやってきただけです」とさらりと語るが、額面通りには受け止められない。

伊藤さんは自分が栽培した野菜や花卉などを市場に出荷せず、スーパーや直売所などで販売している。そんな伊藤さんはこう語るのである。

「南牧村の農業には可能性があります。大規模、高収入の農業は無理ですが、大規模農家以上に生活は安定して豊かになれます。夫婦で五〇〇万円はいけますよ」

南牧村は昼と夜の寒暖の差が大きいため、害虫の被害が少ないという。また、大規模農業は機材などにコストがかかり、労働時間も長くなってしまうが、南牧村のような斜面の狭い畑での小規模農業はかえって効率よくできると利点を語る。

南牧村では、借金をせずに自分の体力に合った規模の農業に徹すれば、年齢にかかわらず生き生きとした生活を送ることができると、伊藤さんは明言する。本当にそんなことが可能なのだろうか。

珍品種の成功で活気づく花卉農家

「何が地域活性化なのかといえば、生産が収入に結び付くことです。多寡を問わず、カネになることです。私たちは〝外貨〟を稼いでいます。やる気さえあれば、南牧のものでカネになるものはたくさんあるはずです」

こう語るのは、南牧村で花卉栽培をしている石井清さんだ。

一九七七年に結成された南牧村の花卉組合「南牧菊生産組合」(現・南牧花卉生産組合)のメンバーは一五名。石井さんは発足時からその屋台骨を支えてきた地元の専業農家で、六四歳(一九五一年二月生まれ)である。

石井さんが花卉栽培を始めた一九七〇年代後半は、蒟蒻の最盛期だった。花づくりに取り組む農家は少なく、石井さんは周囲の人から「農業高校を出て花をつくっているのか」とバカにされたという。それでも仲間を募って菊の栽培を手掛けたのである。当初のメンバーは二七人だった。

ところが、菊の栽培は思っていた以上に難しく、四苦八苦するはめになった。そこに高齢化や離農も加わり、仲間は一人また一人と姿を消していった。十数年が経過すると、わずか四人にまで減少してしまった。

石井さんは、このままでは産地消滅だと危機感を募らせ、仲間集めに奔走した。だが、菊づくりのハードルが高いように受けとめられていて、声をかけても尻込みする人ばかりだった。そんな時に移住者の伊藤さんがメンバーに加わったのだ。

さらに、消滅寸前だった南牧村の花卉栽培に思ってもいなかった救世主が現れた。群馬県から、ヒペリカムという品種の栽培を勧められたのである。弟切草《おとぎりそう》の仲間で、きわめて珍しい品種だった。

半信半疑でヒペリカムを栽培してみたところ、これが大正解だった。南牧村の気候や土壌が合ったのか順調に育ち、日本で初めての市場出荷にこぎつけた。珍しい品種とあって市場性が高く、南牧村はあっという間にヒペリカムの産地として知られるようになった。

このヒペリカムが突破口となった。花卉農家の意識が菊以外にも向くようになり、アジサイ、姫ひまわり、クジャクアスター、吾亦紅《われもこう》、アロニア、ハーブ、南天など五〇品種を出荷するまでになった。

活気づく花卉農家の姿を見て、これなら自分にもできると新規参入する人が相次ぎ、メンバーは一五人に増加した。

石井さんは「最初は私が面倒をみていましたが、たくさん来るようになってそれもできなくなりました。それで、得意分野を持った人に新しい人を教えてもらうようにしました。教える側に回ると自分も成長しますし、人に教えを請われると悪い気はしないものです」と語る。

花の品種ごとに師匠と弟子のような関係が生まれているという。もっとも、弟子のほうがめきめきと腕を上げて師匠をいつの間にか追い越すというケースも少なくないそうだ。

南牧村の花卉農家には、いくつかの共通点がある。

一つは、露地栽培を中心としていること。初期投資を少なくし、低コストでの栽培に徹しているのである。

二つ目は、高齢になってから組合に加入する人が多いという点だ。年金プラスアルファの収入を得ることを目的としており、仕事を楽しんでいる人が多いという。

三つ目が、みんな元気で明るいということだ。

実際、花卉組合のメンバー一五人のうち、一三人が年金受給者である。年齢構成を見ると、四〇代が一人、六〇代が三人、七〇代が九人、八〇代が二人となっている。七〇代が主力で、最年長は八六歳だ。

稼ぎは自分の腕次第

定年退職後の七〇歳で組合に加入したのが、星尾地区の小林正一さん。高齢になってから花づくりを始めた小林さんは、今やヒペリカムの栽培ではトップクラスで、師匠の石井さんを追い抜いたともいわれている。現在、八六歳だ。

ではなぜ、南牧村で花栽培をするお年寄りが元気いっぱいなのだろうか。

冬の日照時間が短く、寒暖の差が大きい南牧は花の栽培に適しているといわれている。狭い傾斜地を上り下りしながらの作業となるが、それでも花は軽いので、高齢者にも扱える。細かな作業が中心で、外で長時間にわたって力仕事をするというわけではない。

こうした事情だけではなく、もっと重要な要素があるようだ。

石井さんは笑いながらこんなことを言っていた。

「花というのは、博打草なんです」

南牧村の花卉農家は、六つの市場に五〇品種もの花を出荷している。どの花をどの市場にどれくらい出荷するかは各自の判断である。コメのように、農協に出荷してそれでお仕舞というものではない。

市場によって仕入れる花屋の特質やエリアは異なり、評価される花の種類も同じではない。同じ花を出荷しても市場によって値は大きく変わる。つまり、いつどこに何の花をどれだけ出荷するかで、実入りが大きく上下する。それらを全て自分で判断し、選択しなければならない。まさに自己責任である。稼ぎは自分の腕次第なのだ。

石井さんは「村の活性化ということで自分たちの持ち出しでイベントをやっても、負担になってしまって長続きしません。でも、自分がつくったものが東京などで売れてカネになると、目つきが変わります」と語る。

花卉組合の七〇代や八〇代のメンバーも自分で情報収集し、出荷の検討をする毎日を送っているので、頭も体もしっかりしているという。やりがいがあって、しかも〝外貨〟を稼げることが元気の源となっているのである。

そんなふうに南牧村の状況を明るく語ってくれた石井さんが、表情を曇らせながら「今の日本で一番、危惧されることは何だと思いますか?」といきなり尋ねてきた。

こちらが返答に窮していると、石井さんは「それは山林の崩壊です」と断言した。そして、こんな話を続けたのである。

戦後、日本はスギやヒノキを植林したが、それらが手入れされないまま放置されている。山に入ってみると、それはもうたまげるほど荒れていて、恐ろしくなる。急傾斜地などでは表土がいっぺんに崩落しやすくなっていて、災害を引き起こしかねない。

昔、「国破れて山河あり」という言葉があったが、今は「山河見捨てれば国が崩壊」なのではないだろうか。

うわべの数字だけ格好をつける「地方創生」では意味がない

過疎化に歯止めがかからぬ日本の地方では、地域コミュニティーのみならず自然そのものが崩壊しつつある。今や危機的状況にあるといって過言ではない。

そんな状況を変えるべく、政府は様々な「地方創生」策を打ち出している。しかし、その目玉策というのが、税の優遇策で本社機能の地方移転を奨励したり、地方移住者に交付金（支度金）を支給するといった人と企業の地方移住推進策である。要は、カネの力で都市と地方のアンバランスを是正し、地方の再生を図ろうという考えだ。

こうした政府の「地方創生」策に長谷川村長はこう注文を付けた。

「国は『地方創生なくして国は元気にならない』と言っていました。人口減少問題をきちんとやっていただけると思っていますが、どのくらい本気度があるのか未知数です。

長谷川最定村長

それから、国は本気になって取り組んでいる自治体にカネを出す、きちんとした計画を立てたところにカネを出すと言っていますが、誰が、どんな基準でその本気度を測るのでしょうか。高齢化率六割の南牧村は（人口の）自然減が大きくて、人口減少の解消はあり得ません。若い人を増やして、（人口減少の）曲線を緩やかにするしかないのです。どんなに努力しても、数値を上げることには限界があります。そういう現状を理解しないまま判断されてしまうと困ります。

高齢化と人口減に直面している村は全国にありますが、地形や環境、住んでいる人や状況などそれぞれ違います。補助制度もそうですが、他の制度も皆、画一的なものになっています。たとえば、介護保険制度です。高齢化率が六割の村も二割の村も負担の考え方が同じだと、（六割の村では）若い人がまいってしまいます。弾力的な運用ができないものかと思います」

そして、地方の間で移住者の争奪戦が過熱しそうな状況について、疑問を呈する。

「たとえば子どもが生まれたら三〇万円出す、転入者に二〇〇万円出すといったようになったら、隣近所での取りっこになってしまって何も生まれない。うわべの数字だけ格好をつけることになり、かえってさらに財政を悪化させるだけだと思います。短期間のことではなくて、根本的なことを考えないといけないと思います。ふるさと納税もそうです。村議会から『特典をつけたほうがいい』といった意見が出ましたが、私は『本来の趣旨と合わない』と答弁しました。ふるさと納税してくれる方たちにモノやカネでお返しするのではなく、他のことでお返しししていきたい」

日本一の消滅可能性自治体という不名誉なレッテルを貼られながらも腐らず、あきらめず、独自の地域活性化策をコツコツと実行してきた人物の言葉だけに、説得力がある。南牧村はふるさと納税をしてくれた人との縁を大切にし、丁寧に紡いでいくことを目指すという。そのため「なんもく応縁塾〝つむぐ〟」という組織を結成し、ふるさと納税者に村づくりへの意見を求めたり、交流会や村の各種イベントへの誘いの通知を出したりしている。すでに都市部で生活している村の出身者一六、七人が「なんもく応縁塾〝つむぐ〟」のメンバーとなっている。

南牧村が「奇跡の大逆転の村」と呼ばれる日が、いずれやってくるのではないか。

第三章　人をつなげる役場職員「旧・藤野町」

【元女性町議の回想】

住民派女性議員の草分け

ＪＲ新宿駅から中央線快速電車に乗ると一時間ほどで高尾駅に着く。そこから中央本線の各駅停車に乗り換える。電車は中央自動車道と並行して走り、ほどなくして小仏トンネルに入る。長い小仏トンネルを抜けると都会の喧騒《けんそう》はどこかに消え、車窓の眺めは緑色に一変する。さらに短いトンネルを四つほど潜り抜け、電車は相模湖駅に到着する。静かに動き出した電車がトンネルを一つ抜けると、左手に相模湖が姿を現す。といっても、それも短い時間のこと。車窓はトンネルの暗い壁に何度も遮られ、街並みが開けたところでホームに滑り込む。高尾駅から二つ目の藤野駅である。揺られること一五分ほど。一つ先は上野原駅で、山梨県になる。

神奈川県の最北に位置する藤野は、東京と山梨に挟まれた県境の地だ。もとは藤野町だったが、二〇〇七年に相模原市と合併して相模原市緑区の一部となった。人口一万人ほどの小さな山間の地域である。

藤野駅で車に乗り換え、狭い山道を一五分ほど上り下りしてやっと目的地に到着した。廃校となった旧篠原小学校を利活用した研修・宿泊・イベント施設「篠原の里交流センター」である。ここである人物の「お話を聞く会」が開かれることを知り、駆け付けた。古い校舎を改築したセンターは、木の香りと静寂に包まれていた。一階の食堂兼談話室が会場だった。参加者は講師を含めて八人で、女性六人に男性が二人。木製の長椅子に主役の講師を囲むように向かい合わせに座り、コの字形となった。日曜の午前一一時すぎ。まるでこれから一緒に食事をとるような感じで、参加者がテーブルについた。

それぞれが自己紹介して「お話を聞く会」はスタートした。会の主役は、旧・藤野町の三宅節子・元町議だ。

一九二五年生まれの三宅節子さんは一九八三年から四期一六年、旧・藤野町の町議会議員を務めた方で、日本における住民派女性議員の草分け的な存在だ。組織の支援なしで町議選に立候補し、二度目の挑戦で初当選した正真正銘の無党派・無所属議員だった。しかも、三宅さんは四九歳のときに縁もゆかりもない藤野に家族とともに移住してきた「よそ者」であった。そうした人物が議員になることは、封建的な気風が色濃く残る地方の小さな町では本来、あり得ない話だった。

そんな三宅さんから直接、貴重な体験話をうかがおうというのがこの会の趣旨だった。九〇歳という超高齢ながらもかくしゃくとしている三宅さんが、淡々と語ったその半生はとても興味深いものだった。

「よそから来た変な奴、それも女が選挙に出るなんて」

出版社に勤めていた三宅さんは、三六歳のときにフリーの編集者となった。当時の住まいは都内でも交通量の多い甲州街道沿いで、子どもが喘息に苦しめられていた。このため、空気のよいところに引っ越すことを決意し、山岳写真家の夫とともに探し当てたのが相模湖西岸だった。甲州街道沿いの旧・宿場町吉野で、転居先の住所は神奈川県藤野町となった。

今から四〇年以上も前のことで、当時は藤野に外からわざわざ移住してくる人などそうはいなかった。地元の人の多くはなんとかして都会に出たいと思っていて、「素晴らしいところなので（都内から）移住してきました」と話す三宅さんを「珍しい、初めてだ」と不思議がったのである。

編集者で詩人でもある三宅さんは、好奇心旺盛でフットワークも人一倍軽かった。この地の人になろうと、自分からいろんなところに挨拶して回った。そうこうしているうちに鮮明に見えてきたものがあった。それは、「女性がモノを言えないところだ」という厳然たる現実だった。

ちょうどそんな頃だった。地区に母親クラブをつくる話が持ちあがったが、会長を引き受ける人が現れず、役の押し付けあい、ないしは譲り合いの様相となった。話は三宅さんのところにも寄せられ、「誰も引き受ける人がいないのならば」と承諾したのである。

地区の母親クラブの会長となった三宅さんは、行政関連の会合に呼ばれて様々な情報に接するようになった。町の実情を詳しく知るようになったのである。そして、知れば知るほど、地域で女性がいかに虐げられているかを痛感させられたのだった。

藤野町には当時、保育園がなく、小中学校の給食もなかった。母親たちからそれらを求める声があがっていたが、「母親が自分の子どもをほったらかしにするのはとんでもない」「弁当ぐらいつくれないようでは母親失格だ」といった男衆の大きな声にかき消されていた。都会から転入してきた女性がＰＴＡの会合で学校給食を要望したところ、自宅に「よそ者のくせにとんでもない」といった電話が殺到したことまであった。

三宅さんは、女性が生き生きと生活できるようにするには、議会で議席を得て発言していくしかないと考えるようになった。

こうして一九七九年に藤野町開闢《かいびやく》以来初の出来事が起きた。町議選に女性で、かつ、よそ者が出馬したのである。三宅さんが藤野に移住して五年が経過していた。

だが、当時は金権選挙が大手を振っていた時代だった。藤野町もその例外ではなく、町民の多くは金をもらって投票するのが当たり前のように考えていた。そこに地縁血縁の縛りも加わった。三宅さんは、「よそから来た変な奴、それも女が選挙に出るなんてけしからん」といった猛烈な逆風にさらされた。応援していた地元の女性たちも親戚縁者から責め立てられ、一人また一人と姿を消していった。結果は落選だった。

三宅さんは三十数年前の苦い体験を淡々と語り続けた。ウグイス嬢の引き受け手が見つからず、隣町の人に頼んだら、うますぎてかえって聞くに堪えなかったといった裏話も明かした。会の参加者の中には当時から三宅さんと一緒に活動していた方もいて、「選挙に落ちたとき、もう出ないかと思ったら、三宅さんから『またやります』と言われて驚きました。三宅さんの手づくり選挙を楽しくやりました」と懐かしそうに語っていた。

三宅さんは一九八三年の町議選にも立候補し、最下位ながら当選を果たした。女性でよそ者という大きなハンディを背負いながら、二度目の挑戦で議席をなんとか確保したのである。

町と議会は開発志向に染まりきっていた

山に囲まれた藤野は谷が多く、平地が少ない。町域の約八割が山林だ。町の中央を相模川が横切るように流れており、ダムで堰《せ》き止められた水が神奈川県民の水がめ・相模湖を形成している。

藤野は相模湖を抱える重要な水源地となっているため、様々な規制の網がかけられている。企業誘致はできず、山の木も自由に伐採できない。そうしたこともあって豊かな自然

藤野の風景

環境が保全されていた。また、都心からほど近い距離にあり、中央自動車道や国道二〇号線、ＪＲ中央本線など交通の便にも恵まれている。地の利と自然の利を兼ね備えた珍しい地域であった。

そんな藤野の基幹産業は薪炭や養蚕だったが、今や見る影もない。山や畑での仕事を離れ、町外に勤めに出るのがごく普通の姿となっていた。

三宅さんが新人町議になった頃、町と議会は開発志向に染まりきっていた。なかでも町長はゴルフ場の建設を悲願のように考えていた。そんな状況下で三宅さんは一人、「環境を大事に！　緑を大事に！」と主張し続けた。

同僚議員らは露骨に嫌な顔をした。ベテラン議員から「山を壊してもカネになることを考えるのが一番大事だ！」と面罵《めんば》されたこともあったという。「山も畑も持ってないくせに水だ！　緑だ！なんてとんでもない」と怒鳴りあげられたことさえも。山が売れれば、カネになる。山に何かができれば、カネになる。当時はそんなそろばん勘定に走る人ばかりだったのである。もちろん、それは藤野に限った話ではなかった。日本中がそうであったし、今もそれはたいして変わってはいない。

藤野町が悲願としていた新たなゴルフ場建設は、神奈川県の方針転換などにより立ち消えとなった。代わりに新たに浮上したのが、県による産業廃棄物最終処分場の建設計画だった。三宅さんは「水源地に産廃処理場はおかしい」と反対運動に乗り出したが、町議会で集中攻撃を受ける羽目になった。それでも県内全域に反対運動を広げ、県の計画は撤回されることになった。

しかし、その後も藤野の谷や山を虎視《こし》眈々《たんたん》と狙う人たちがあとを絶たず、残土処理場や墓地開発などといった計画が浮かんでは消え、消えては浮かぶ状況が続いていた。

選挙公約に議会報告の実行を掲げた三宅さんは、年四回の定例議会ごとに会報を作成し、町内全戸（約三五〇〇戸）に配布していた。記念すべき第一号は新聞折り込みによる全戸配布だったが、反応は思ったほどなかったという。それだけでなく、新聞店に次号の配布を拒絶されてしまった。どこからか何らかの圧力がかかったのは明らかだった。

三宅さんはやむなく、自分で配布することにした。自動車の運転免許を持たない三宅さんは町内の隅々を歩き、一軒一軒に会報を配って回った。それを四期一六年間（一九八三年から九九年まで）続けたのである。三宅さんが藤野のあらゆることに精通するようになったのは言うまでもない。自然や文化、歴史、産業はもちろん、どこにどんな人物が住んでいてどんな仕事や活動をしているかを地元の誰よりも詳しく知るようになっていた。

「ふるさと芸術村」構想

藤野が神奈川県の産業廃棄物処分場計画で大揺れとなっていた一九八六年頃、もう一つの一大プロジェクトが進行していた。それは「ふるさと芸術村」構想というもので、県が相模川流域を対象として始めた事業の一つだった。藤野町を「森と湖と創造の拠点」と位置付け、町おこしのきっかけにしてもらうことを狙ったものだ。つまり、県は産廃と芸術という二つの事業を藤野で展開させることをもくろんでいた。

この「ふるさと芸術村」構想が藤野の未来を切り開くきっかけとなった。しかし、県の意向で始まった事業に当初、町や議会は戸惑ったという。「芸術がカネになるのか」と疑問を呈する声さえあがった。何ができ、何をするか、町は見当もつかなかったのである。

二年間の準備期間が残り少なくなっても、町は具体的な構想をまとめきれなかった。そんな地元に業を煮やしてか、県は東京のコンサルタント会社に企画を依頼して独自に計画を進めていた。地に足がついた事業とはなりそうもなかったのである。

こうした状況をもったいないと考えた三宅さんは、町内に住む芸術関係の人たちに呼び掛けることにした。そうした努力が奏効し、自分たちで何かをやろうという機運が地域に広がっていった。

藤野町は戦時中、著名な芸術家たちの疎開先となっていた。豊かな自然と都心に近いことが彼らを引き寄せたのである。藤田嗣治《つぐはる》や猪熊《いのくま》弦一郎、脇田和《わきたかず》、佐藤敬、長与善郎《よしろう》、荻須高徳《たかのり》、伊勢正義、佐藤美子といった人たちだ。彼らの多くがそのまま藤野に住みつき、芸術村をつくろうという夢を語り合った。

戦後も藤野に移住する有名無名の芸術家の波は続いていて、山間地に彫刻や陶芸、絵画や音楽、写真や映像といった様々な分野の自由人がひっそりと住み着いていた。だが、行政をはじめ地元の人たちは彼らに関心を持たず、その存在に目を向けていなかったのである。

地域に点在する芸術家たちが「ふるさと芸術村」構想に呼応し、事業はうまく展開していった。一九八八年に野外環境アート作品が設置され、評判となった。その後も毎年、陶器市や文楽、村歌舞伎、音楽会などのイベントが開かれるようになり、藤野はアートによるまちづくりで活性化するようになったのである。

三宅さんは「藤野はここ数年でさらに素晴らしい町になりました。なんといっても若い人たちが移住するようになりました。若い人たちにとって魅力ある町というのは、凄いことだと思います」とうれしそうに語った。

三宅さんは疲れた様子も見せずに一時間半近く話をした。当初から一緒に活動していた女性は「(三宅さんと)一緒にいるととにかく楽しいんです。それがベースにあるので、ずっと続けられてきたのだと思います。どんなに正しいことを言っても、その人に魅力がないとダメ。楽しくないと続きません」

こんな話になり、会はお開きとなった。時計の針は午後一時近くをさしていた。

【様々な新住民】

「アートが棲むまち」

芸術家やＩＴ起業家を次々に呼び込んで過疎の地域を活性化させているのが、徳島県神《かみ》山町《やまちょう》だ。地元住民による創造的なまちづくりの努力が実り、神山町は「面白い人たち」が集まる「面白い町」として知られるようになった。いろんなメディアに「地方創生の成功事例」として取りあげられ、今や日本一有名な町になったといっても過言ではない。

そんな神山町に知名度では大きく水をあけられているが、まちづくりのユニークさにおいては負けず劣らずという地域が旧・藤野町だ。こちらも芸術家など「人」の誘致にいち早く動き、いつしか、様々な分野の有為な人材を抱える活力ある地域となっている。移住者と地元住民らがうまく融合し、進化し続けているのである。

藤野は二〇〇七年に近隣自治体と合併し、現在は相模原市緑区の一部となった。そのため、独自のまちづくりの成果が見えにくくなっているが、「西の神山、東の藤野」と称すべきものといえる。

藤野がユニークなまちづくりを展開させるきっかけとなったのが、前述した「ふるさと芸術村」構想である。神奈川県と旧・藤野町が一九八〇年代後半から取り組むようになった文化芸術事業で、野外アート作品の展示や芸術イベントの開催、さらには芸術活動拠点の建設といった活動だ。

「ふるさと芸術村構想は神奈川県が提唱したもので、町としてはあまり乗り気ではなかった。むしろ、嫌々始めたというのが実態でした」

当時をこう振り返るのは、藤野町の職員だった中村賢一さん。行政マンとして藤野のまちづくりに奔走した中村さんは、現在も地域の世話役として多忙な毎日を送っている。

地域を大きく変えるきっかけとなった事業も、藤野の行政や住民にとっては突然、降って湧《わ》いたような話だったのである。だが、東京と山梨、神奈川の県境に位置する藤野はもともと宿場町で、ヒトやモノ、情報の行き交う地域だった。文化や伝統、芸能などが継承されており、豊かな里山には若い芸術家などがひっそりと移り住んでいた。そんな藤野在住の若手芸術家らが様々なイベントに積極的に加わるようになり、新聞、テレビなどに大きく取りあげられるようになった結果、藤野を訪れる人が増えていった。

神奈川県からの補助金がなくなったあとも様々なイベントが継続された。町が企画や運営を地元の芸術家や住民たちの手に委ねたことによる。藤野町は「アートが棲むまち」として近隣に知られるようになっていった。

「人の誘致」を町の政策に

こうした評判を聞きつけた芸術家たちが、創作の場を求めて藤野にやってくるようになった。知り合いを頼って海外からぶらりと現れる人も少なくなかった。そのうち、藤野の地に魅せられてそのまま移り住む人まで現れた。

その頃すでに、町は少子高齢化と人口流出にさらされ始めていた。そんななか、芸術家

藤野の古民家

たちの動きに着目したのが、中村さんら町の中堅・若手職員だった。「人の誘致」を町の政策として掲げ、移住希望者からの様々な相談に親身になって応じていた。
　当時は工場や企業、観光施設などの誘致に躍起となる自治体がほとんどで、「人の誘致」を掲げること自体珍しかった。その意味で独自の地域活性化策といえた。もちろん、中村さんらのもとには辛辣《しんらつ》な声がたくさん寄せられた。「人間を誘致することで藤野が本当に豊かになるのか」「昼間プラプラしていて、しかもカネもない人ばかりではないか」「受け入れる人を選ぶべきではないか」。確かに、町にやってくるのは、芸術家といっても「卵」ばかりだった。孵化《ふか》するかどうかは本人にもわからなかった。口の悪い人たちから「生活保護予備軍のような人たちを招き入れてどうするつもりだ」とまで批判されたという。

それでも中村さんらは一歩も引かなかった。当時の藤野町役場には変わり者職員がたくさんいて、皆、生き生きと仕事をしていたという。その理由を中村さんは、「当時の町長が職員を信頼してまかせてくれる方だった。細かなことにあれこれ口出しせず、それでいて、何かあったら自分が責任をとってくれる方だった。『よきにはからえ』というタイプでした。あの町長のおかげで思いっきり仕事ができました」と語る。

中村さんら職員は藤野に移り住みたいという人がやってくると、一人一人分け隔てなく真摯《しんし》に対応したのである。

彼らからの相談事の多くは住まいのことだった。藤野は平地が少なく、しかも、水源地である。土地利用の規制があり、新築物件はきわめて少ない。かりにあったとしても、移住希望者の手が届くようなものではない。空き家となっている古民家はたくさんあるが、こちらは別の問題が横たわっている。見知らぬよそ者に二つ返事で貸してくれる空き家の所有者などそういるはずもなかったのである。

「里山長屋」で新しい生活

一方、芸術家から始まった移住の波は、より幅広いものへと展開していった。その口火を切る存在となったのが、NPO法人「パーマカルチャー・センター・ジャパン」（PCCJ）だった。

パーマカルチャーとは、オーストラリアのビル・モリソンとデビット・ホルムグレンが始めた、自然と調和した生活と生き方の提唱と実践である。パーマネント（永久な）とアグリカルチャー（農業）、それにカルチャー（文化）を組み合わせた造語で、全ての生物がより豊かに、持続的に生きていけるような環境をつくり出していくデザインと実践の体系をいう。伝統的な農業の知恵を学び、そこに現代の科学的・技術的な知識も組み合わせて、自然の生態系よりも生産性の高い「耕された生態系」をつくりあげ、生活の質を上げようというものだ。そんなパーマカルチャーの日本本部施設と農場が、一九九六年に藤野の里山に開設された。こんな経緯があった。

ＰＣＣＪを創設したのは、アメリカの大学院で環境人類学を学んだ設楽清和さんらだ。留学先でパーマカルチャーに出会った設楽さんはその考え方に共鳴し、自らも実践することを決意した。一九九三年に帰国すると、さっそく長野県内などでパーマカルチャーのワークショップを開いた。九五年にパーマカルチャー・ネットワークを設立し、都内に事務所を開設した設楽さんは、実践と研修を行えるような適地を探し求めたのである。

たまたま設楽さんの知り合いのカナダ人女性が藤野に住んでいた。訪ねてみたら、そこは水と緑豊かな里山で、人と自然が有機的なつながりを持っていた。藤野でセミナーを開催したところ、反応がとてもよかったこともあり設楽さんはすっかり気に入ってしまった。こうして藤野への移住を決意したのである。

設楽さんは相談にのってもらおうと藤野町役場を訪ねた。アポなし紹介なしでの訪問だったが、まちづくり課の職員がとても親切に対応してくれた。前出の中村賢一さんである。話はとんとん拍子にすすみ、実践と研修の場としてぴったりの農家と農地を紹介してもらうことができた。こうして藤野にＰＣＣＪの拠点が設けられることになったのである。

実は設楽さんを藤野に引き寄せるきっかけをつくったカナダ人女性も中村さんと浅から

ぬ縁があった。一九八八年のふるさと芸術村オープニングイベントに、ある外国人カップルが参加した。二人は中村さん宅に宿泊し、その後、藤野に定住するようになった。そのカップルのツテで、一人のカナダ人女性が藤野で暮らすようになった。その女性というのが何と設楽さんの知人だった。見えないところで人と人とのつながりが連鎖していたのである。その中心に役場職員の中村さんが人知れず、佇《たたず》んでいた。

こうしてPCCJは藤野に本部施設と農場を持つようになり、そこで毎年、塾を開いている。塾生の定員は二〇名で、一泊二日の講義を通年で一〇回うける。かくして藤野に全国各地から受講生がやってくるようになった。

受講生の中には藤野に魅了されてしまい、そのまま移住するという人も少なくなかった。たとえば、四家族で手づくりの木造住宅「里山長屋」をつくり、緩やかにつながる新しい生活を始めた人たちだ。若者たちが藤野でパーマカルチャーの実践生活を始めるようになったのである。

シュタイナー学園の受け入れ

少子高齢化と人口減少が加速する現在、全国の自治体が本腰を入れて取り組まねばならない課題が、公共施設の再配置である。しかし、住民の反発を受けるケースが多く、なかなか進展しないのが実状だ。総論賛成、各論絶対反対で立ち往生してしまいがちだ。なかでも猛反発を受けるのが、小中学校の統廃合である。誰もが納得する解答などあり得ない全国共通の難題である。

この難題に旧・藤野町は早い段階から取り組んでいた。山間地の小規模自治体で財政基盤は脆弱である。そのうえ少子化が進んでいた。町はそうした厳しい現状と未来を直視し、先送りできないと判断した。公共施設の適正配置を喫緊の課題に掲げ、小学校の統廃合を中心テーマに据えたのである。

だが、すんなりまとまる類の話ではない。教育委員会ではなく、企画課が小学校の統廃合問題を所管することになった。重責を担う企画課長は火中の栗を拾うまさに損な役回りであった。そのポストに就いていたのが、やはり中村賢一さんだった。

町は二〇〇〇年に、課長以上で構成する「公共施設適正配置計画策定推進本部」を設置し、具体策の検討を始めた。同時に町民の意見を反映させる目的で「公共施設適正配置計画策定町民会議」を立ちあげた。メンバーは二四名で、賛成反対半々の人選となった。町は一〇校ある小学校を三校に統廃合する案などを提示した。町民会議は喧々囂々《けんけんごうごう》の議論を展開した。パーマカルチャーの代表・設楽さんも委員になり、統合反対を主張した。激しい議論と紛糾を重ねた末に、統廃合計画が二〇〇二年三月にどうにかまとまった。一〇校ある小学校を段階的に減らし、最終的に三校に統廃合することになった。だが、所管課長として矢面に立った中村さんは一息つく間もなかった。新たに生まれる課題の処理を迫られることになったのだ。廃校となる小学校の後利用である。

そんな時だった。中村さんに見知らぬ人から電話が入った。廃校となる校舎を利用したいという申し出で、相手の人は「シュタイナー学園」と名乗った。中村さんが初めて耳にする名前だった。

中村さんは異色の役場職員といえた。前例のないことや未知なるものに拒絶反応を示すことなく、逆に興味関心を持つタイプだった。発想も柔軟で、視野も広い。公務員としてはかなり珍しい存在だった。穏やかで控えめな性格で、人を押し退《の》けて前へ出るようなことを嫌う。人を見て対応を変えることもなく、とにかく眼差しが温かい。

シュタイナー学園は、オーストリア生まれの思想家ルドルフ・シュタイナーの理念に基づく教育活動を行っている。自覚的に自らを成長させつつ、社会に寄与しようとする人間の育成を目指しており、芸術や体験学習を重視する独自のカリキュラムを持つ。テストや点数による評価は行わず、八年間を教育上のひとまとまりと考えて、その間を一人の担任が受け持つなど、通常の学校とは異なる教育システムをとっていた。

二〇世紀初めにドイツで初めてシュタイナー学校が生まれて以来、学校数は増え続けており、現在、全世界で一〇〇〇校以上にのぼる。日本でも一九八七年に新宿のビルの一室で私塾のような形で誕生した。その後、通う子どもが増えて手狭となる度に、小さなビルから一軒家、さらに独身寮と都内を転居している。二〇〇一年にはＮＰＯ法人東京シュタイナーシューレとして法人格を得たが、学校法人となることが関係者の悲願となっていた。

シュタイナー学園の教員や保護者は、内閣府が推進していた構造改革特区に着目した。プロジェクトチームをつくって調査研究をすすめ、自分たちで提案書を作成した。そうした努力が実り、「学習指導要領の弾力的な運用」の名目でシュタイナー教育のカリキュラムを行うことが認められた。さらに、校地校舎の自己所有要件も緩和され、念願の学校法人化への道が大きく開かれたのである。

シュタイナー学園関係者はパートナーとなる自治体を必死になって探した。廃校を借用することで、学校法人化を果たしたいと考えたのである。ちょうどそんな時に、彼らの耳に藤野町の情報が入った。

電話をうけた中村さんはさっそく、シュタイナー関係者に会ってみた。じっくり話を聞いた中村さんは「この人たちはどこか違う。藤野にとても合いそうだ」とピンときたそうだ。相手は熱心で、とにかく情熱的だった。

その頃、藤野町には別なところからも廃校利用の申し出が来ていた。私立の小中高の一貫校が、林間学校として活用したいと持ち掛けてきたのである。町長や議会、地元住民の多くはそちらのほうに気持ちが傾いていた。理由は明らかだ。シュタイナー教育がどういうものか、誰もよく知らなかったからだ。胡散《うさん》臭いと思う住民が多く、なかには「オウム真理教みたいなものではないか」と誤解・曲解する人までいた。とにかく変わった集団のように思え、薄気味悪く感じたのであろう。

そんな人たちを中村さんが懸命に説得した。町長にもシュタイナー学園の受け入れを進言した。将来、地域にもたらすであろう様々なメリットについて説明したのである。季節的な利用に留まる林間学校と違い、シュタイナー学園は通年での利用となる。山の中の学校に一学年二〇人ほどの子どもが通うとなれば、家族で藤野に移住というケースも少なくないはずだ。教育費のかかる私立校に子どもを通わせる親にはそれなりの経済力があり、地域経済を潤す存在となるに違いない。また、学校までのバス路線が新たにできることも考えられる……。町はシュタイナー学園の受け入れを決定し、廃校利用を申し出ていたもう一つの私立学校には中村さんが直接訪問し、お断りを伝えたのだった。

シュタイナー学園の関係者や保護者も必死だった。構造改革特区の申請書の作成作業を手伝うため、藤野の町役場に通う人まで現れた。町とシュタイナー学園の連携が実り、構造改革特区として認められることになった。芸術によるまちづくりを進める藤野と、芸術教育に力を入れるシュタイナー学園がうまく結び付き、規制の壁を乗り越えることに成功したのである。中村さんは「文部科学省はあまりよい顔をしなかったのですが、経済産業省の担当者が凄く応援してくれました。あの方々のおかげだと感謝しております」と、当時を懐かしむ。

二〇〇四年一〇月に特区申請の認可と私立学校審議会の認可がおり、「学校法人シュタイナー学園　初等部・中等部」が正式に誕生した。そして、翌二〇〇五年三月末をもって閉校となった藤野町立名倉小学校の校舎に移転し、四月一日から「シュタイナー学園　初等部・中等部」としてスタートした。

地域内に多様な人的資源が集まる

シュタイナー学園の誘致は、藤野という地域に新たな活力を呼び込むことにつながった。想定以上の活性化をもたらしたのである。

一つは、人口面である。一学年二〇人ほどの小さな学校だが、初等中等合わせて九学年あるので、開校時の児童生徒数は一四七人にのぼった。このうち藤野地域（旧・相模湖町と山梨県上野原市を含む）に住んでいるのは、三分の一の五一人だった。開校後、児童生徒の数は一六四人（二〇〇六年）、一八六人（二〇〇七年）、一九五人（二〇〇八年）と増え続け、同時に家族そろって藤野地域に引っ越して住民になる児童生徒が増えていった。九〇人（六九世帯）、一一〇人（七四世帯）、一三一人（八九世帯）である。つまり、シュタイナー学園で子どもを学ばせたい保護者が、そのために藤野に転居するようになったのだ。これが住民人口の減少を抑えることにつながった。自然減が大きいので人口増加とまではなっていないが、人口の減少はわずかに留まっている。そのうえ世帯数が増加するという、周辺地域では見られない珍しい現象が生まれている。

二つめは、地域内に多様な人的資源が集まるようになった点だ。シュタイナー学園に子どもを通わせる親は、医師や建築家、芸術家やＩＴ起業家、経営コンサルタントや自由業といった手に職を持つ人が多い。だからこそ、子どもの教育のために思い切って転居できるのだともいえる。こうして、藤野という小さな山間地に多彩な人材が各地から集まるようになったのである。

【「藤野町」の消滅】

どうすれば地域に受け入れられるのか

「今も地元の人は半々ぐらいだと思います。当初は二対八ぐらいで、受け入れられないという人のほうが圧倒的に多かったです。最初の頃は本当にきつかった。面と向かって『シュタイナーは大嫌いだ！　出ていってくれ！』と言われたことも度々ありました」

しみじみと語るのは、「学校法人シュタイナー学園」で初代事務局長を務めた佐藤鉄郎さんだ。藤野の綱子地区のお祭り「こもりく」会場で、当時の話をうかがった。

佐藤さんはもともと都立高校の教師で、世界史を教えていた。住んでいた三鷹市内に学校法人になる前のシュタイナー学校があったことから、興味を抱いて学園祭の見学に行ってみた。そこで生徒が綴ったノートを見て、びっくり仰天したのである。

佐藤さんは自分なりに組み立てたエピソードを添えながら、教科書に沿って教え、テストで習熟度をチェックするという公立高校ではごく普通の教え方をしていた。

ところが、シュタイナー学校で目にした生徒のノートには、そうした教え方では全くあり得ないものが表現されていた。生徒自らが考え、学び、感じとった事柄をノートに綴っており、まるで自分たちで教科書を作成するような学び方をしていた。佐藤さんは「これこそが本当の教育だ」と強い衝撃をうけ、シュタイナーのことが頭から離れなくなってしまったのである。

そうした時に学校法人化を進めていた「シュタイナー学園」が事務局長を公募していることを知った。五六歳だった佐藤さんは早期退職を決意し、迷うことなく応募した。そして、一一人の応募者の中から選抜されて事務局長となり、藤野での生活が始まったのである。

佐藤さんは本来の学校事務以外に二つの役割を求められた。地域に溶け込むことと私立学校校長会に代理として出席し、一般の教育界に溶け込むことだった。

難しかったのは、地域に溶け込むことだった。佐藤さんはどうすれば地域に受け入れられるのか、全くわからなかった。シュタイナー学園は閉校となった名倉小学校の校舎にその翌日から転居した。そのため、地元の人の中には自分たちの小学校がシュタイナーに取られてしまったと感じる人もいて、注がれる視線は冷たかった。なかでも女性たちの反発が凄かった。

佐藤さんはひたすら地域を歩き、いろんな会合や飲み会、行事にこまめに顔を出すことにした。時には声をかけられていなくても、一升瓶を持参して駆け付けた。また、地域の人たちと同じように畑仕事を始め、野菜づくりなどの教えを請うた。新潟県の山奥（旧・広神村・現在の魚沼市）で生まれた佐藤さんは、一五歳のときに上京し、働きながら学んで高校教師になった苦労人だった。

佐藤さんは地域の中に次第に溶け込むようになり、同世代の仲間たちと「名倉談会」という会を結成した。近隣に住む親父たちの集まりで、メンバーのほとんどが地元出身の人たちだった。仲間たちと集まっては酒を酌み交わし、地域のことをあれこれ語り合うのだった。佐藤さんが子どもの頃に憧《あこが》れた、自分の親たちの日常生活に似通っていた。いろんな地域活動に参加するようになり、シュタイナー学園に対する地域の視線も変化していった。

佐藤さんは事務局長を八年ほど務めて定年退職したが、そのまま藤野暮らしを続けている。今は藤野観光協会の事務局長として忙しい毎日を送っている。

「こういう自然豊かなところに私立学校があるのはとても面白いと思います。子どもたちにとってよい環境だし、まちおこしの一つのやり方ではないかと思うようになりました。子どもだけでなく家族そろっての移住となりますからね」

シュタイナー学園は、二〇一二年に新たに高等部を設置した。こちらも、廃校となった相模原市立吉野小学校の校舎を利用しての開校だった。こうして初等・中等・高等の一貫教育が実現し、児童生徒の総数は二二五人（二〇一四年度）に増えている。このうち一四九人（一〇二世帯）が藤野周辺に居住している。県外など他の地域から家族そろって移住してきたのである。

地元住民には折り合いをつける力がある

芸術家に始まり、パーマカルチャー、そしてシュタイナー学園と外からの移住者の波が続く藤野だが、もともとの住民と移住者の間に軋轢《あつれき》が生じないはずはない。そうした新旧住民のぶつかり合いの現場に最も多く遭遇してきたのが、本章でたびたび登場する、旧・藤野町の企画課長だった中村賢一さんだ。

その中村さんが興味深い話をしてくれた。

「旧住民の多くは、藤野に湖や山があることをハンディと考えています。土地利用がしにくく、工場や企業も来ない。それで貧しい地域になっていると。何とか都市化したい、何とか経済的に豊かになりたいと思っているのです。成長・開発路線です。ところが、新住民の多くはその逆で、湖や山があることが地域の素晴らしさだと考えています。こちらは身の丈、エコ、暮らしの豊かさ、脱成長路線です。双方が理解し合うのは難しく、折り合いはつかないと僕は思っています。でも、軋轢があることこそが大事なのではと思います。地域に二つの考え方が並立しているのは多様性の表れであり、むしろ、よいことだと考えています」

そして、中村さんはこんな私見を披露してくれた。

「芸術家などのほうがむしろ、多様性を認めず自分の価値観を押し付けがちだと思います。新旧の住民がぶつかり合ったとき、僕はどちらの側にも立ちません。ですが、若干、外からやってきた新住民たちの側につきます。それは、もともとの住民たちのほうが彼らよりも包容力を持っていると見ているからです。地元住民のほうが、折り合いをつける力があるのです。藤野という土地には『嫌だ！　嫌だ！』と言いながらも、外の人を受け入れる包容力や温かさ、文化、風土といったものが根付いているのです」

生粋の藤野人である中村さんは、少し誇らしげに語るのだった。

合併劇の経緯

中村賢一さんは一九五二年三月、藤野に六、七代前から居を構えている古い家に生まれた。地元の中学校を経て隣の山梨県内の高校に進学し、卒業後、藤野町職員となった。その人生は実に波乱に満ちたものだった。

中堅職員として役場を支える存在になっていた三一歳のとき（一九八四年一月）、中村さんは思わぬ不幸に見舞われた。トラックにはねられて病院に担ぎ込まれたのである。入院期間は八カ月にも及び、一命はとりとめたものの下半身不随となってしまった。車いす生活を余儀なくされたのだ。一年間休職して職場復帰を果たした中村さんは、自らのハンデ

“人をつなげる役場職員” 中村賢一さん

ィをものともせず、仕事に打ち込んだ。自分で車を運転して藤野町内を駆けずり回る生活を再開させたのである。持ち前の行動力は少しも変わらず、復職してわずか二年後に車いすで海外旅行にも出かけていた。夫人ら三人でオーストリアの友人を訪ねていったのである。そんな中村さんを役場幹部らは信頼し、大きな期待を寄せるようになった。中村さんは次第に町の要職を担うようになっていった。

だが、中村さんの公務員人生は順風満帆ではなかった。思い出したくもないような辛く苦しい出来事が、彼を待ち構えていた。町を二分する揉め事が起き、その渦中に身を投げ出さざるを得なくなった。それも一方の側の旗頭に押し出され、住民同士の激しい対立の当事者となったのである。争い事をなによりも嫌う中村さんにとって、一番、避けて通りたい道だった。

神奈川県最北端の小さな町が小学校の統廃合で揺れていた頃、全国各地の自治体が大きな難題を突き付けられていた。なかでも山間地の小規模自治体は存続か否かの決断を迫られ、重大な岐路に立たされていた。国が推進した「平成の大合併」である。国の大号令に全国の自治体は浮き足立ち、一斉に合併へと走り出した。国から配分される地方交付税が縮減されたこともあり、多くの自治体が「合併しないと立ちいかない」「とにかくどこかと合併しなければいけない」と狼狽《うろた》え、焦燥感を募らせた。「バスに乗り遅れたら大変なことになる」と、行き先も確認せずにとにかく乗車できるバスを探し求めるといったムードが広がっていた。

市町村合併を迫る大波は藤野町周辺にも押し寄せた。いろんな合併の枠組みが浮かんでは消え、次第に相模原市に合流する動きが加速していった。

藤野町など津久井郡内の四町（他に城山町《しろやままち》と津久井町《つくいまち》と相模湖町《さがみこまち》）は二〇〇二年に、それぞれの住民に合併に関するアンケートを実施した。四町とも合併に前向きな回答が多数となったが、希望する合併相手は様々だった。

城山町と津久井町では隣接する相模原市との合併を望む回答が多かったが、相模湖町と藤野町は東京の八王子市との越境合併が最多となった。両町とも地域の東西をＪＲ中央本線と中央自動車道が貫いており、東京や山梨に通勤・通学する住民が多かった。相模原市は同じ県とはいえ交通アクセスが悪く、住民にとってなじみの薄い地域だった。そうはいっても都道府県を跨《また》ぐ市町村合併の壁は高く、事実上、不可能に近かった。実際、両町の打診に対して八王子市は「困難」と回答し、越境合併の構想はあえなく消えた。

一方、相模原市も財政力に難のある津久井郡四町との合併にメリットを感じず、合併気運は一向に広がらなかった。このため、新たに津久井郡四町での合併を模索する動きが住民の間で始まり、法定合併協議会設置を求める署名活動が展開された。

規定数を大きく上回る署名が集まって住民発議は成立したものの、城山と津久井の両町議会が法定合併協議会設置議案を否決し、四町での合併も事実上、消滅した。

それにとって代わったのが、相模原市と四町が広域合併するという構想だった。二〇〇三年七月に四町は相模原市に任意合併協議会の設置を申し入れた。とにかく、どこかと合併せねばと、どこも必死になっていた。

津久井郡四町との合併に消極的だった相模原市にも心境の変化が生まれていた。四町を編入合併して政令指定都市になるという都市戦略が浮上していたのである。つまり、政令指定都市に昇格するために四町を吸収合併するというもくろみだ。国が政令指定都市の人口要件を七〇万人以上に緩和する方針を示したため、相模原市も政令指定都市になれる可能性が生まれたからだ。津久井郡四町の人口を加えれば、七〇万人の大台をクリアできたのである。相模原市が開催したセミナーで総務大臣を経験したある大物政治家が「津久井郡と合併して政令市になりなさい」と発言し、雰囲気が変わったという。

相模原市と津久井郡四町による合併協議が始まったが、藤野町内から異論が出るようになった。生活圏が異なり、交流の少ない相模原市と合併して地域の端っこになるよりも、別な道を選択したほうがよいのでは、といった意見が藤野町内にじわじわと広がっていたのである。「アートの棲むまち」として知名度が上がっていたことも後押しした。

藤野町議会は二〇〇三年一二月に当初の方針を変更する議決を行った。相模原市などとの合併協議に参加しないことを決定し、関連予算案を否決したのである。実はこの頃、隣町の相模湖町との二町合併が水面下で模索されていた。首長間での話し合いも大筋でまとまり、あと一歩という段階にまでいっていた。だからこそ、相模原市などとの合併協議からの離脱を決めたのだが、その後、事態は思わぬ方向に急展開していった。合併相手とみていた相模湖町が翻意し、二〇〇四年一月に城山町と津久井町とともに再度、相模原市に合併協議を申し入れたのである。藤野町は心に決めていた相手方に土壇場で裏切られる形となった。

思いもかけなかった展開に藤野町内は大騒ぎとなった。なかでも相模原市などとの合併を推進していた住民が、町を激しく突きあげた。このため町は単独を選択した場合の財政シミュレーションなどを策定し、住民説明会などで説明して回った。マイクを握ったのは、企画課長の中村さんだった。説明会では「合併しないで本当にやっていけるのか」「住民の意見を聞かずに（相模原市などとの）合併協議から離脱した」といった批判が噴出した。単独シミュレーションの策定責任者である中村さんがその矢面に立たされた。

合併推進派は合併の是非を問う住民投票の実施を求めて署名活動を開始した。その頃すでに各地の自治体が我も我もとばかりに合併に駆け込んでいた。藤野でも有権者の約四割もの署名が集まり、改めて合併の是非を問うことになった。

単独路線の継続か、相模原市などとの合併か。二者択一の住民投票は二〇〇四年六月に実施されることになった。だが、中村さんはその結果を待たずに町役場から離れることを決意した。合併慎重論の中心人物としての責任をとり、辞職したのである。二〇〇四年三月末のことで、当時、中村さんは五二歳。六月予定の住民投票の結果はすでに見えていたという。

失意の中村さんは役場を早期退職すると、夫人とともにひっそりと海外に旅立った。行き先を友人一人にだけ知らせ、藤野から忽然《こつぜん》と姿を消したのである。最初に訪れた先は、南米のペルーだった。二カ月ほど滞在し、知り合いの案内でクスコやマチュピチュを車いすで回った。その後、夫人とともにカナダのヴィクトリアに移動した。中村さんはこの地で大学に入ることを計画し、九月から語学学校に通った。毎日が楽しく、藤野に帰る気持ちはなくなっていた。

中村さんが海外生活を送っていた二〇〇四年六月、藤野町で合併に関する住民投票が実施された。単独町政を継続するか相模原市などと合併するかの二者択一で、結果は単独が二〇四五票、相模原市などとの合併が三三九八票となった。投票率は六五・二三％だった。こうして「アートの棲むまち」も、平成の大合併の流れに飲み込まれていくことになった。

翌二〇〇五年七月に藤野町長選が予定されていた。もめ続けた合併問題のいわば最終決戦の場である。六期務めた現職町長が引退を表明し、その後継者（町議会議長）が相模原市との合併推進を掲げて早々と出馬表明した。一方、住民投票で敗北を喫した単独路線派は候補をなかなか擁立できずにいた。

そんな情報がカナダで勉学に勤しんでいた中村さんのもとにメールで寄せられた。時の経過とともに藤野からのメールは頻繁になり、送ってくる相手も増えていった。書かれている内容も町の現状報告や単なる連絡事項ではなく、窮状を訴えるものに変わっていった。「町長選挙が近付いているが、誰も出ないので困っている。帰ってきてくれないか」というものばかりとなった。

中村さんは帰国を決意し、カナダでの夢を断念することにした。二〇〇五年五月に藤野に舞い戻り、思い悩んだ末に「誰も出る人がいないのなら」と、町長選への出馬を決意したのである。だが、それは長年お世話になった恩人というべき町長の後継者と戦うことに他ならず、恩義を裏切る形となった。中村さんにとって苦渋に満ちた選択としかいいようがなかった。はからずも袂《たもと》を分かつことになった恩人の町長とは、その後、言葉を交わす機会すら持てずにいるという。

一騎打ちとなった町長選は白熱した。協議が進む合併問題への関心も高まり、投票率は七八・四八%にのぼった。中村さんは三〇九一票獲得したが、合併推進の後継候補にわずか三五〇票差で敗北した。文字通り、町を二分する激しい戦いとなったのである。

こうした紆余《うよ》曲折を経て、藤野町は二〇〇七年三月に城山町とともに相模原市に編入合併された。津久井町と相模湖町の二町は一足先に（二〇〇六年三月）相模原市に編入合併しており、津久井郡四町をそっくり飲み込んだ相模原市の人口は七〇万に膨れ上がった。市の面積は約三二九平方キロメートルに拡大し、横浜市に次いで県内第二位となった。そして、三年後の二〇一〇年四月に念願の政令指定都市への移行を果たし、一九番目の政令指定都市となったのである。一方、編入合併された旧・藤野町は政令市移行により、相模原市緑区の一部となった。こうして神奈川県から津久井郡がなくなり、藤野という地名も消滅した。

【トランジション・タウン】

「妄想会議」

町長選に敗北した中村賢一さんは、仲間の桑原敏勝さんらと農業生産法人「藤野倶楽部」を立ちあげ、地域の人たちが気軽に集まれる食堂などを経営している。一民間人として藤野での新生活をスタートさせたのだが、多種多様な人たちが中村さんを訪ねてくる日常にそう変化はなかった。役場の職員時代との違いといえば、来訪者が役場ではなく、直接、自宅にやってくるという点だった。

三〇年以上も藤野の活性化に情熱を注ぎ続けている中村さんのもとに、いろんな人がまるで呼び寄せられるように訪ねてきた。それも個性豊かな面々だった。中村さんは住まいの相談をうけたり、知り合いを紹介したり、よもやま話に耳を傾けるといった日々を送っている。穏やかで謙虚な人柄とあって、まさに地域の世話役であり、触媒であり、アドバイザー役となっている。人的ネットワークは知らず知らずのうちに拡大し、すでに日本という枠さえも超えていた。もちろん、いろんな人の頼み事に応じている中で、トラブルになったことがないわけではない。たとえば、中村さんが紹介した住まいの家賃を滞納するケースである。これまでに三件あったという。やむなく中村さんが全て肩代わりしたという。なんだかんだ言って総額で三〇万円ほどになるそうだ。

中村さんは知り合いたちに声をかけ、自宅で集まりを開くようになっていた。といってもそう大仰なものではなく、皆で勝手気ままに雑談・放談する井戸端会議である。テーマを設定するわけでも出欠をとるでもなく、単に「楽しくて、しかも、地域の活性化につながるような何かをみんなでやりたいな」という思いだけで集まる、不定期の飲み会だった。

地元の人はもちろん、十数年前に藤野に移住してきた人や移住して間もない人、さらには移住を考えているという人まで仲間に加わっていた。職業も年齢も生まれも育ちも異なる人たちが膝を突き合わせ、好き勝手にそれぞれの思いを語るのだった。初対面という人たちも少なくなかった。

和気藹々《あいあい》とした井戸端会議での話はいつも脱線し、あらぬ方向へと展開しては思わぬアイデアが浮かんだりするのだった。そんな集まりを中村さんは「妄想会議」と呼んでいた。

「トランジション藤野」を発足

この「妄想会議」のメンバーの中に、新しい形の住民活動を藤野で楽しみながら実践している人たちがいる。「トランジション・タウン」運動である。トランジションという言葉は「移行」や「移り変わり」を意味する。

「トランジション・タウン」運動は、二〇〇五年にイギリスのトットネスという小さな町（人口約八〇〇〇人）で始まった。日本ではまだあまり知られていないが、地球的規模で広がりつつある新しい形の草の根の住民運動である。気候変動という危機に対応するために、住民の創意工夫や地域資源の最大限の活用などにより、持続可能な社会に変えていこうという実践活動だ。「大量の化石燃料などに依存しきった脆弱な社会」から「地域をベースにした様々な変化にしなやかに対応できる社会」への移行を目指すもので、地域のつながりを取り戻し、地域レベルでの食やエネルギーの自給自足を少しずつ増やしていこうという住民運動である。

イギリスのトットネスで始まった「トランジション・タウン」運動に一人の日本人が出会うことになる。中村さん宅で開かれる「妄想会議」の常連メンバーの一人、榎本英剛《ひでたか》さんだ。

大手企業を退職してアメリカに留学した榎本さんは、当地でコーチングを学び、認定資格を取得した。帰国後、日本で初めてコーチングプログラムの提供を手掛け、この分野の第一人者となる。その榎本さんが当時（二〇〇五年）イギリスに在住していて、現地で「トランジション・タウン」運動と出会った。

トランジション運動に共鳴した榎本さんは、日本にも広げたいと考え、帰国後、すぐに行動に出た。実は榎本さんは、藤野に設楽清和さんが開設した「パーマカルチャー・センター・ジャパン」のセミナーの受講生だった。藤野に転居していたその時の仲間二人とともに、「トランジション藤野」の準備を始めた。二〇〇八年六月のことで、二〇〇九年二月に活動をスタートさせた。これが日本での「トランジション・タウン」運動の第一号となった。パーマカルチャーの受講生やシュタイナー学園に子どもを通わせる保護者や芸術家、地元の有機農家や田舎暮らし志向の移住者など雑多な人たちが仲間に加わった。その多くが中村さん宅で不定期に開かれる「妄想会議」の参加者だった。

「藤野電力」とは

トランジション運動は従来の住民運動にない特性を持っていた。その一つが、楽しさを重視している点だ。何かを批判したり、攻撃したり、抗議するというのではなく、自分たちがやれること・できることを無理せず楽しく実践しているのである。榎本さんはこう解説してくれた。

「(トランジションは)ノーではなくイエスのものを提案し、実践する活動です。〝脱依存〟〝創造力〟そして〝再生力〟の三つがトランジションのキーワードです。自分たちではどうにもできないではなくて、自分たちで何とかできるんだという達成感がトランジションの一番の肝です。今、最も活用されていない再生可能エネルギーは、個々の人間が持っている力だと思います」

もう一つの特性が、ピラミッド型の組織ではないという点だ。強力なリーダーがいて、その人の指示命令によってメンバーが動くという上意下達の世界ではなかった。メンバー同士はフラットな関係となっており、各人が各々、自分の興味のあるテーマごとに仲間を募って自発的に活動している。いわゆる、「この指とまれ方式」である。その集まりを彼らは「ワーキンググループ」（WG）と呼んでいる。カチっとした組織ではなく、緩やかで変幻自在なネットワークのようなものだ。

そもそも「トランジション藤野」に代表者は存在せず、会員名簿もない。住民運動にありがちな息苦しさや狭量さ、独善的な雰囲気とは無縁である。しかつめらしい顔をしている人などおらず、穏やかな人たちばかりであった。

では、彼らは藤野でどのような活動をしているのか。「トランジション藤野」には現在七つのWGがある。「お百姓クラブ」に「森部」「健康と医療」「内なるトランジション」「藤野電力」「地域通貨よろづ屋」そして「仕事と経済」である。これらのうちの一つ、二〇一一年の東日本大震災を機に発足した「藤野電力」から紹介したい。

「大震災直後の計画停電のとき、山の中に住む僕らは本当に困りました。でも、自家発電していた友人だけは普通にいつもの生活を送っていました。それを見て、僕らも自分たちで使う分の電気を自分たちでつくれるようにしたいと思うようになりました。何かをあてにして文句を言っているだけではダメだと思ったんです」

こう語るのは、「トランジション藤野」の部会の一つである「藤野電力」のコアメンバー、小田嶋哲也さんだ。

藤野電力は、自然エネルギーの活用に地域で取り組む活動を展開している。と言っても、地域内にメガソーラーをつくって売電するといったものではない。自分たちの日常生活に必要な電気を自分たちの手でつくろうという独立型の地道な活動である。コアメンバーは小田嶋さんと鈴木俊太郎さん、吉岡直樹さんの三人だ。いずれも藤野に移住してきた人たちだ。

三人のうち藤野で自家発電生活を送っていたのが、鈴木さん。一〇年以上前からミニ太陽光発電システムを自ら組み立て、そこから生まれた電気を活用していた。手づくりソーラーを使っていたため、計画停電に困ることはなかったのである。

藤野電力の活動内容は主に三つ。藤野でのお祭りやイベントで使う電気を太陽光発電で供給すること、地域の住宅への太陽光発電設備の施工、そして、ミニ太陽光発電システムの組み立てワークショップの開催である。

ワークショップは参加者一人一人に部品を用意し、それらの組み立て方を教えるというものだ。手づくりソーラーの組立実習である。参加者は実費と講習代を支払う代わりに、自分の手で完成させたミニ太陽光発電機を自宅に持ち帰ることができる。組み立てて設置すれば、パソコンや照明、家電製品などの電源として使えるのである。

このワークショップは、二〇一一年一〇月に「トランジション藤野」のメンバー向けに初めて実施された。これが大好評となり「一般の方向けにもやってみたらどうか」となったという。それで二カ月後に一般向けのワークショップを開いたところ、これまた大好評となった。評判がネットや口コミであっという間に広がり、全国各地から参加希望が殺到するようになった。さらに、様々な団体から小田嶋さんのもとにワークショップ開催の依頼が寄せられるようになり、今では全国各地を出張講義して回るまでになっている。

会社勤めをしていた小田嶋さんは二〇〇七年に家族で藤野に移住し、「トランジション藤野」のメンバーとなった。藤野電力の活動で忙しい毎日を送るようになった小田嶋さんは、会社を退職して活動に専念することにした。藤野電力の唯一の専任メンバーになったのである。

藤野電力の取り組みの意義は再生可能な自然エネルギーを活用するという面だけではない。巨大な送電網につながる中央集権型ではなく、自分で使う電気を自分でつくるという自立分散型という点にもある。それはまさにトランジション・タウン運動が目指しているものだった。

地域通貨「よろづ」

地域や住民を限定して流通させるのが、地域通貨だ。商店会や住民団体などが地域活性化や住民間の相互扶助を目的に発行するもので、正式の通貨ではない。地域にちなんだ名称の疑似紙幣をつくり、モノやサービスのやり取りに使用するのが一般的だ。一時は地域通貨がブームのようになり、全国各地で競い合うように発行された。

だが、ブームは必ずといってよいほどその勢いを失うものだ。発行当初の盛りあがりを今なお持続させている地域通貨はきわめて少ない。むしろ、いつの間にか利用する住民や店舗が激減し、すっかり下火となってしまっている事例が多い。

そんな中で利用の輪を広げているのが、トランジション藤野のWGの一つ「地域通貨よろづ屋」だ。二〇〇九年一一月に参加者一五人でスタートさせた地域通貨で、コアメンバーは池辺潤一さんやｍｅｅｎａさん、土屋拓人さんたちだ。

藤野の地域通貨よろづの参加者は約三八〇人（二〇一五年夏時点）。ざっくりとしたその内訳は旧・藤野町民が七五％、旧・相模湖町民が五％、残りは近隣に住む県内外の人たちである。よろづは通常の地域通貨と違って紙幣は発行されておらず、通帳方式だ。こんな仕組みになっている。

まず参加希望者は初年度会費として一〇〇〇円（二〇一四年四月から）を事務局に支払い、自分の通帳をもらう。次年度以降の負担は一切ない。入会時に自分ができることやしてもらいたいこと、連絡先などの情報を提示し、メーリングリストに加わる。入会したときの通帳は何も記載のない状態で、ここからスタートする。

モノやサービスの交換は会員同士が一対一で交渉し、何かをしてあげたときはプラス、してもらったときはマイナスを、それぞれの通帳に自分で記入する。その単位は「萬」（よろづ）で、一萬＝一円を目安とする。実際に何萬にするかは当事者同士で話し合って決め、両者のプラス・マイナスはゼロになるようにする。お互いの通帳にサインし、取引は終了となる。要するに通帳に「お互い様」のやり取りを記録するだけなのである。こうした取引に萬と円を併用することもOKだ。

取引の申し出はメールや電話で行い、その後は当事者同士での交渉となるため、自然に顔の見える関係が地域内に広がっていく。二〇一一年に子どもをシュタイナー学園に入学させるため川崎市から藤野に引っ越してきた「トランジション藤野」のコアメンバー・高橋靖典さんは「よろづがあるおかげで、気兼ねなく誰かに助けを求められるようになっています。円では出てこないようないろんな取引も生まれています。メーリングリストとの併用ですので、地域での知り合いが増えました」と、よろづの効用を語る。

実際、子どもの学習机やいす、かばんやランドセルといったものがよろづを通して藤野地域内をぐるぐる回ったり、引っ越してきた人がよろづで家具一式をそろえられたり、モノやサービスの地域内循環が拡大している。

また、最終バスに乗り遅れた人がよろづ会員に電話して二〇〇〇萬で家まで送ってもらったり、旅行中の植物への水やりをよろづで依頼したりと、日々、新たな使い方が生まれている。地域内の様々な潜在ニーズがよろづによって掘り起こされているといえる。

藤野の地域通貨よろづ屋で着目すべき点は、「マイナス萬」についての捉え方だ。コアメンバーのｍｅｅｎａさんはこう語る。

「通帳に萬のマイナスが記載されるのを嫌がってなかなか使えないという方もいますが、マイナスというのはどなたかのプラスをつくるためのものです。いろいろな人に何かを頼んで新しいプラスをつくり出すことも大事なんです」

確かによろづのメンバー個々人ごとにプラスやマイナスの額が違っても、地域全体では萬のプラス・マイナスは常にゼロとなる。マイナスが増えてもそう気にする必要はないのだという。

もっとも、そう言われてもマイナスばかりが記録される自分の通帳を見ると、少しでもマイナスを減らそうと考えるのが人情のようだ。皆、「地域の誰かの役に立てることはないか」と動き出すようになるそうだ。

藤野の通帳型地域通貨は、地域の人間関係をより豊かにし、困ったときに誰かが手を差し伸べてくれるという安心感をもたらすものになっている。人と人をつなぎ、地域の中に安心と幸福を循環させ、それらをより豊潤に育む貴重なツールなのである。

なるほど、藤野地域に移住する人が増えているというのは、こういうお互い様の精神で助け合う住民の地道な活動があってのことかと、合点がいった。

【ヒューマンパワースポット】

地域内で仕事を立ちあげたい

二〇一五年一月二四日、藤野中央公民館で「トランジション藤野」の会合が開かれた。一年の計を立てるテーマを絞り込んだ妄想会議で、「稼ぎ合い・助け合いをカタチにミーティング」と命名されていた。事前に「藤野地域通貨よろづ屋」のメーリングリストにこんな呼びかけが配信された。「皆さんがこれからの暮らしで実現したいこと、地域でやってみたいことをざっくばらんに話してみませんか。また、お互いに助けあうことで、実現出来ることもあるかもしれません。すでにこんなこと考えているよ、という人はもちろん、

ミーティング風景

今まで行われてきたトランジション関連の活動についてや、最近起きている様々な地域活動について、地域で循環する新しい形の仕事や経済について、興味がある、話を聞いてみたいという方々もぜひお気軽にご参加ください。藤野での更に幸せな暮らしを一緒に考えてみましょう」。

これまで「トランジション藤野」の各ワーキンググループ（WG）が暮らしやすい地域づくりの活動を展開し、助け合いの輪を広げてきたが、それらはあくまでもボランティアとしての活動で稼ぎにはつながっていない。持続可能なものにするには、地域の中で仕事となることが望ましい。つまり、助け合いと稼ぎ合いを何とかして結び付けられないかという新たな試みである。地域内での起業への試みと支援をWG「仕事と経済」の活動として行おうというものだ。

当日の参加者は三十数人にのぼり、会場は老若男女でいっぱいとなった。WG「仕事と経済」のコアメンバー野口正明さんが司会役を務め、参加者の自己紹介から始まった。その後、「トランジション藤野」の各WGが活動状況を報告し、会合はテーマごとに分かれての自由討議となった。「住」「森」「健康と医療と福祉」「エネルギー」「経済にまつわる地域とのつながり」「子育て・教育」「食と農」「観光」の八つのテーマだった。各人が自由にテーマを選択し、途中で別のテーマに移動することも認められた。

三十数人が八つのテーブルに分かれ、いろんなアイデアを出し合っては大きな紙に書き込んでいった。会場は自由な雰囲気に包まれ、熱気に溢《あふ》れていた。各テーブルに集う人の塊は大きくなったり小さくなったりと、まるで変幻自在なアメーバのようだった。

話し合いの時間が終了すると、八テーマごとに地域でのビジネス化を目指すアイデアが発表された。

たとえば、藤野の里山から出る木材を薪や建材に活《い》かす案や桐の植林、トレイルランのコース化。また、高齢者をサポートする出張料理や買い物支援、傾聴や散歩同行といったアイデアも出た。移動販売車や複数業種の宅配、きびやあわといった雑穀の商品化、地域内に馬車や人力車を走らせるといった案もあった。

こうした提案がすぐにビジネスにつながるものでもないが、「仕事と経済」のコアメンバーは地域内で仕事を立ちあげたいという人たちの相談にのっている。

「藤野では移住してから起業するというのが一つのパターンとなっています。インターネットと藤野にある様々な資源の活用がそれを可能にしています」

こう語るのは、WG「仕事と経済」のコアメンバーの一人、高橋靖典さんだ。経営コンサルタント会社を経営する高橋さんも藤野に移住後、中村さんらが立ちあげた農業生産法人「藤野倶楽部」の取締役に就き、「半農半X」の生活を送っている。前出の榎本英剛さんも二〇一二年に藤野で「よく生きる研究所」を設立した。

地元のある農家の女性は「藤野には会社がないので、(外から来る人は)自分で考えて仕事をつくれるような人でないと暮らしていけない」と、地域の実状を話してくれた。そして、「(藤野には)やる気のある人を支えよう、協力しようという気風があります。いいと思った人を押しあげて自分もよくなろうと思うのです。周りがよくなると自分もよくなると考えている人がたくさんいます」と語るのだった。また、「（移住してきた人たちが頑張る姿に）地元の人も触発されて、いろんなことをやるようになりました」と明かした。尋ねてみたら、その女性も雑穀づくりの会の活動に力を入れているという。

「アートの棲むまち」から「アートビジネスのまち」へ

もともと藤野は地域活動が盛んなところだったが、外からの刺激をうけ、より活性化している。地元の人たちによる地域おこしの会やNPOなどが生まれており、なかには移住者たちとうまく融合して活動の幅と輪を広げている会や団体も少なくない。たとえば、「あすの牧郷をつくる会」（代表・倉田実さん）だ。旧・藤野町立牧郷小学校が二〇〇三年に廃校となったのを機に発足した会で、牧郷地区の活性化を目指しての活動を展開している。この会の活動が収穫祭やひかり祭りといった藤野を代表するイベントにつながっている。藤野ではこの他に、つなごもり、藤野歌舞伎、藤野ぐるっと陶器市、サニーサイドウォーク、こもりく、など多数のイベントが実施されている。

ところで、「妄想会議」で司会役を務めた野口正明さんは当時、藤野に移住してわずか一年ほどだった。そんな新入りがコアメンバーとして精力的に活動するのもいかにも「トランジション藤野」らしかった。

コンサルタント会社でプロセスデザイナーを務める野口さんは、不思議な縁で藤野の住人になった。野口さんは二〇一三年七月、イギリスのスコットランドで面白いセミナーが開かれることを知り、パートナーのユキさんと二人で参加した。セミナーの参加者は四五人で、日本人はわずかに三人。見知らぬもう一人の日本人は物静かで、侍のような雰囲気を漂わせていた。その人はエノモトと名乗った。

セミナーはいろんな国の人たちと議論する形式で進められ、とても刺激的だった。参加者同士すぐに打ち解け、もう一人の日本人とも話をするようになった。そして、ビックリ仰天した。目の前にいるエノモトさんは日本におけるコーチングの第一人者の榎本英剛さんだった。野口さんも名前は知っていたものの顔は知らなかったのである。

榎本さんはしきりにトランジション・タウンの話をした。初めて聞く話に野口さんはぐいぐい引き込まれていった。ビジネスの世界にどっぷり浸かりながら時代の変わり目を感じていた野口さんはパートナーのユキさんと理想のまちづくりなどについて熱く語り合っていた頃でもあった。

セミナーが終わり、日本に戻ると野口さんは二人で藤野を訪ねてみた。あいにく榎本さんは不在だったが、「芸術の道」などを散策して「この町はいいな！」と痛感した。ぶらぶらと散歩する二人に地元の農家の人たちがあれこれと話しかけてきて、とても楽しかったのである。そして、野口さんはあることを思い出したのだ。大学の同級生に藤野出身の人がいて、一度、実家に遊びにいったことがあった。その時に抱いた「なんて急な斜面ばかりのところなのか」という印象が鮮やかによみがえってきたのである。しかし、大学卒業後その同級生との交流は途絶え、現在、どこにいるかさえわからなかった。最後にあったのは二七年も前になる。地元に戻っているはずはないと思い込んでいた。

翌月、二人は榎本さんが藤野で開いている「天職創造セミナー」に参加し、藤野という町とそこで暮らす人たちにますます魅かれていった。翌月も藤野を訪れ、「トランジション藤野」の「地域通貨よろづ屋」の会合に参加してみた。そこで目にした光景に野口さんは新鮮な驚きを受けたという。リーダーが引っ張るのではなく、各メンバーがそれぞれの得意分野を生かしながらチームとして生き生きと活動していたからだ。野口さんは「こんなに人材が豊かなところならば、いろんな活動ができるのではないか」と確信した。藤野移住を決意した瞬間だった。

そうはいっても、野口さんは藤野では住む家がなかなか見つからないものだと聞かされていた。高橋さんに中村賢一さんを紹介してもらい、相談にのってもらった。不動産屋にも足を運び、物件を紹介してもらうことにした。すると本来ならばあり得ないことが起きたのである。まるで野口さんたちを待っていたかのように新築物件が出ていた。普段は慎重な野口さんもその場で即断即決した。野口さんは当時、都内の世田谷区千歳《ちとせ》烏山《からすやま》に住んでいた。藤野移住によって生じるデメリットについては一切考えなかった。「藤野に呼ばれていると思った」とその時の心境を明かすのだった。

こうして野口さんとユキさんの二人は二〇一三年一二月から藤野の住民となった。都内に勤める野口さんは片道二時間半かけて会社に通っている。とはいえ、顧客先を直接訪ねるようになり、出社は週に一回程度に減ったという。

新しい生活を始めた野口さんは、藤野の地域資源の豊かさを日々、感じている。自然はもとより文化や伝統、そしてなにより多様な住民の存在である。藤野には芸術以外にも、自然食や民泊、観光農業、心と体のセラピー、温泉、里山トレッキングや散策などを提供できる人材と施設がそろっている。

野口さんはこれらの地域資源を緩やかに連携させ、藤野を「アートプラスX」の町としてブランド化して発信したらどうかと提案している。地域全体を「リトリート」（忙しい毎日から少し離れて豊かな自然環境の中で心と体を解放し、エネルギーを満たす癒しの場）にし、地域のビジネスとして打ち出せないかと訴える。つまり、「アートの棲むまち」から「アートビジネスのまち」に進化させたいというのである。

野口さんはこうした構想の実現を目指して、NPO法人を設立したいという。もちろん、中村賢一さんらと力を合わせての取り組みである。その中村さんの耳に、野口さんの大学時代の同級生の話がどこからか入った。旧・藤野の人口は一万人ほどで、しかも同じ苗字の家が多い地域なのだが、中村さんはすぐにピンときたのである。野口さんの目の前で携帯電話をかけ、何やら会話を交わすとすぐに携帯を野口さんに手渡した。事情のわからぬまま野口さんが言葉を発すると、お互いがびっくり仰天した。電話の相手は大学時代の同級生だった。その直後、二人は二七年ぶりの再会を藤野で果たすことになった。なんと同級生は藤野在住で、しかも中村さん宅での例の集まりにも顔を出していた。つまり、野口さんとも同席していたことになる。お互いに「まさか大学時代の同級生がこんな場所にいるはずはない」と思い込んでいて、まったく気付かなかったのだ。長い年月の経過により、容貌《ようぼう》がともに大きく変わっていたことも要因の一つだろう。野口さんは旧友との思わぬ邂《かい》逅《こう》に驚き、改めて「藤野に呼ばれている」ことを実感したという。

行政が遠くなり、住民が自立する

藤野は、移住してきた人たちがさらに面白い人を集める、まか不思議な場所だと言われている。藤野に移住した芸術家の中心人物で万華鏡作家の傍嶋《そばじま》飛龍《ひりゅう》さんは、そんな藤野のことを「ヒューマンパワースポット」と表現している。「確かにそうだな」と頷《うなず》けるのである。

また、移住して約二〇年の「パーマカルチャー・センター・ジャパン」設楽清和代表は「気が付いたら、藤野はエコビレッジになりつつあります。でも、これは誰かが頑張って意図的に築きあげたというのではなく、いろんなものが積み重なって結果的にそうなりつつあるのだと思います。他の地域にも参考になるのではないでしょうか」と、冷静に分析していた。

藤野町が相模原市に編入合併されて八年余り経過し、政令指定都市の行政区・緑区の一部となって五年以上たつ。相模原市への合併は、住民投票などによって示された民意に基づくものだ。つまり、多数の住民が望んだことである。財政力のある豊かな相模原市に加われば、地域はより豊かになると多くの人が期待した。また、どこかと合併しなければいけないのだと思い込んだ人も少なくない。

では、その後の現実はどうか。身近にあった町役場はなくなり、市役所は遠く離れた地にある。行政が自分たちから離れてしまったと感じる住民が多いようだ。そうした感覚的な印象だけでなく、具体的な違いも目に見えるようになっていた。たとえば、道路の除雪だ。旧・藤野町の中を走っていた県道は相模原市の市道となった。維持管理を市が行うようになり、除雪の回数が減ったという。また、平坦地の自治体である相模原市には、林務担当がいなかった。そもそも置く必要がなかったからだ。そのため、合併後も市の林務行政への関心や熱意は今ひとつだと不満を漏らす住民が多い。こうしたことなどから、藤野のみならず旧・津久井郡四町の住民の中で合併してよかったと本音で思う人は、少ないようだ。もっとも、それは全国的な傾向であり、相模原市に限った話ではないだろう。

そんな状況下にありながら元気さがひときわ目立つのが、旧・藤野町である。行政主導ではなく、民間主導による様々な地域活動が成果をあげているからだ。ある藤野の地元住民が興味深い見解を述べていた。「藤野における最大の合併効果は、住民がより自立するようになったことではないか。行政が遠くなり、あまりあてにできなくなった。それならば、自分たちでやってやろうじゃないかという機運が広がっている」というのである。

旧・藤野町は山間地にもかかわらず人口が横ばいで推移している、今の日本では稀有な地域である。それは人が人を呼び、さらに人を呼ぶというプラスの連鎖によるもので、地域の中に人と人をつなぐ人がたくさんいることが要因となっている。そして、人と人をつなぐ人たちをさらに結び付ける人物の存在が大きい。旧・藤野町の職員だった中村賢一さんである。

だが、地方公務員の本来の役割とは、中村さんが長年コツコツと続けてきたことなのではないだろうか。地域事情に精通し、住民にとって暮らしやすい地域になるように汗を流す役割だ。地域の世話役や触媒、アドバイザー役である。自らが前面に出るのではなく、住民と住民をつないで地域を支える裏方といえる。どこからか予算や事業を引っ張り出してきて地域を活性化させることが、公務員の本来の使命ではないだろう。そもそもそれは無理な注文だ。地域の主役は一人一人の住民であり、地域活性化はその地域に住む人たちの総力にかかっていると認識すべきだ。地域の力を引き出し、高めていくための環境整備こそが公務員の果たすべき役割だと考える。

おわりに

人は幸福を求めて、住まいや住まう先を移動するものだ。何を幸福と考えるかは各人の価値観によって様々だが、共通するのは充実した人生を送るということだろう。自分にとって楽しく快適で、張りのある生活である。そうした生活を獲得するにはたくさんのカネやモノなどが必要で、それらは都会のほうが手に入れやすい。そう考えるのがごく一般的であろう。こうして地方から都会へ移り住む人の流れがずっと続いてきたのである。

しかし、この流れは決して不変ではない。都会での生活が誰にも幸福をもたらすというものでもなければ、地方での生活が幸福をもたらさないというものでもないからだ。暮らしやすく楽しい生活は都会にも地方にもある。そして、それは地域によって様々で、一人一人の価値観によっても捉え方は変わる。

地域で生活する一人一人の幸福感をいかにあげるかが、地方自治の役割ではないだろうか。暮らしやすい環境づくりを担い、住民の幸福感の総量を引きあげる役割である。

その地域で暮らす人たちの幸福感の総量が大きく、明るく楽しく生活する住民がたくさんいるところに人は移り住むようになるのではないか。そういう場所に人は自然と吸い寄せられていくのである。そう、「人が人を呼び、さらに人を呼ぶ」藤野のように……。移動の自由と利便性の向上、さらにＩＴの普及と進歩が後押しする時代にもなっている。

現在の日本社会は地域で使われたカネが地域内に留まらず、中央に吸いあげられる構造ができあがっている。公共投資も同様だ。日本の地方にはこれまで国の補助金などがばら撒かれてきたが、皮肉なことに、地方は活性化するどころか疲弊の一途を辿《たど》っている。

「地方創生」の主役は国ではなく地方である。それも地方自治体ではなく、一人一人の住民である。地域住民が動き出すことで初めて、真の地方創生が実現できると考える。いや、地域住民が動き出さない限り真の地方創生などあり得ない。地方創生を導くキーワードは「ひと」「地域」「つながり」「循環」「自給」「共存」「多様性」「楽しむ」といったところではないか。疲弊した地方の再生に今、最も必要なものは、大きな何ものかに安易に依存せず、できるだけ地域（自分たち）で自立を図ろうという意欲と覚悟、そして実際の行動である。日本の隅々を四半世紀以上、取材していて今、つくづくそう思うのである。

相川俊英（あいかわ としひで）

一九五六年群馬県生まれ。地方自治ジャーナリスト。早稲田大学法学部卒業後、放送記者、フリージャーナリストを経て、九七年から「週刊ダイヤモンド」委嘱記者。九九年からテレビ朝日系「サンデープロジェクト」の番組ブレーンを務め、自治体関連の企画・取材・レポートを担当。著書に『反骨の市町村』（講談社）、『トンデモ地方議員の問題』（ディスカヴァー携書）、『長野オリンピック騒動記』（草思社）など。

集英社新書〇八〇四B

奇跡《きせき》の村《むら》 地方《ちほう》は「人《ひと》」で再生《さいせい》する

二〇一五年一〇月二一日 第一刷発行
二〇一六年 七 月一一日 第二刷発行

著者……相川俊英《あいかわとしひで》
発行者……加藤 潤
発行所……株式会社集英社
東京都千代田区一ツ橋二-五-一〇 郵便番号一〇一-八〇五〇
電話 〇三-三二三〇-六三九一（編集部）
〇三-三二三〇-六〇八〇（読者係）
〇三-三二三〇-六三九三（販売部）書店専用
装幀……原 研哉
印刷所……凸版印刷株式会社
製本所……加藤製本株式会社

定価はカバーに表示してあります。

ISBN 978-4-08-720804-7 C0236

Printed in Japan

a pilot of wisdom

集英社新書　好評既刊

社会――B

自由の壁　鈴木貞美
若き友人たちへ　筑紫哲也
他人と暮らす若者たち　久保田裕之
男はなぜ化粧をしたがるのか　前田和男
オーガニック革命　高城剛
主婦パート　最大の非正規雇用　本田一成
グーグルに異議あり！　明石昇二郎
モードとエロスと資本　中野香織
子どものケータイ――危険な解放区　下田博次
最前線《フォワード》は蛮族たれ　釜本邦茂
ルポ　在日外国人　髙賛侑
教えない教え　権藤博
携帯電磁波の人体影響　矢部武
イスラム――癒しの知恵　内藤正典
モノ言う中国人　西本紫乃
二畳で豊かに住む　西和夫
「オバサン」はなぜ嫌われるか　田中ひかる
新・ムラ論TOKYO　隈研吾／清野由美
原発の闇を暴く　広瀬隆／明石昇二郎
伊藤Pのモヤモヤ仕事術　伊藤隆行
電力と国家　佐高信
愛国と憂国と売国　鈴木邦男
事実婚　新しい愛の形　渡辺淳一
福島第一原発――真相と展望　アーニー・ガンダーセン
没落する文明　萱野稔人／神里達博
人が死なない防災　片田敏孝
イギリスの不思議と謎　金谷展雄
妻と別れたい男たち　三浦展
「最悪」の核施設　六ヶ所再処理工場　小出裕章／渡辺満久／明石昇二郎
ナビゲーション「位置情報」が世界を変える　山本昇
視線がこわい　上野玲
「独裁」入門　香山リカ
吉永小百合、オックスフォード大学で原爆詩を読む　早川敦子

a pilot of wisdom

原発ゼロ社会へ！ 新エネルギー論　広瀬 隆
エリート×アウトロー 世直し対談　堀田 力／玄 秀盛
自転車が街を変える　秋山岳志
原発、いのち、日本人　浅田次郎／藤原新也 ほか
「知」の挑戦 本と新聞の大学Ⅰ　一色 清／姜 尚中 ほか
「知」の挑戦 本と新聞の大学Ⅱ　一色 清／姜 尚中 ほか
東海・東南海・南海 巨大連動地震　高嶋哲夫
千曲川ワインバレー 新しい農業への視点　玉村豊男
教養の力 東大駒場で学ぶこと　斎藤兆史
消されゆくチベット　渡辺一枝
爆笑問題と考える いじめという怪物　太田 光／NHK「探検バクモン」取材班
部長、その恋愛はセクハラです！　牟田和恵
モバイルハウス 三万円で家をつくる　坂口恭平
東海村・村長の「脱原発」論　村上達也／神保哲生
「助けて」と言える国へ　奥田知志／茂木健一郎
わるいやつら　宇都宮健児
ルポ「中国製品」の闇　鈴木譲仁

スポーツの品格　桑田真澄／佐山和夫
ザ・タイガース 世界はボクらを待っていた　磯前順一
ミツバチ大量死は警告する　岡田幹治
本当に役に立つ「汚染地図」　沢野伸浩
「闇学」入門　中野 純
100年後の人々へ　小出裕章
リニア新幹線 巨大プロジェクトの「真実」　橋山禮治郎
人間って何ですか？　夢枕 獏 ほか
東アジアの危機 「本と新聞の大学」講義録　一色 清／姜 尚中 ほか
不敵のジャーナリスト 筑紫哲也の流儀と思想　佐高 信
騒乱、混乱、波乱！ ありえない中国　小林史憲
なぜか結果を出す人の理由　野村克也
イスラム戦争 中東崩壊と欧米の敗北　内藤正典
刑務所改革 社会的コストの視点から　沢登文治
沖縄の米軍基地 「県外移設」を考える　高橋哲哉
日本の大問題「10年後を考える」――「本と新聞の大学」講義録　一色 清／姜 尚中 ほか
原発訴訟が社会を変える　河合弘之